☆

Corrie's
Christmas Memories

Corrie's Christmas Memories

Copyright ⓒ 1976, Corrie ten Boom
Originally published in English under title Corrie's Christmas Memories
Published by Flaming H. Revell,
a division of Baker Book House Co., USA.
All rights reserved.
1997 / Korean Copyright by SeoRo SaRang
translated and published by permission.

개정판

크리스마스 메모리

코리 텐 붐 지음 ☆ 장밀알 옮김

서로사랑

차 례

서언

파티에의 초대 ☆ 9
아름다운 가정 ☆ 23
크리스마스 이야기 ☆ 109
카스퍼 텐 붐의 성탄 메시지 ☆ 133
코리의 크리스마스 추억 ☆ 153

저자 소개

서언

야! 크리스마스!
크리스마스의 기쁨!
예수 나셨도다!

여러분께 지난 나의 일생에 소중히 남아 있는 성탄절에 얽힌 추억을 들려드리려 합니다. 내 나이 올해 여든넷! 먼저 그동안의 크리스마스이브와 파티, 캐럴 그리고 성탄 이야기들을 생각해 봅니다. 그것들은 짧은 한순간에 반짝였다가 사라지는 즐거움이 아니라 말로 형용할 수 없을 만큼의 영광으로 가득 찬 기쁨입니다.

하나님께서는 세상을 사랑하셔서 당신의 아들을 보내셨습니다. 그리하여 그분을 믿는 자마다 멸망치 않고 영원한 생명을 얻게 하셨습니다. 크리스마스의 진정한 기쁨은 바로 이것입니다. 이러한 성탄의 즐거움은 사실 모든 이들을 위한 것입니다. 예수께서 "모든 자들아 내게로 오라"고 말씀하셨기 때문이지요.

언니 베치(Betsie)와 나는 크리스마스 잔치에서 항상 한 팀이었답니다. 한 사람은 누가복음 2장의 성탄 이야기를, 나머지 한 사람은 다른 성탄 이야기를 들려주곤 했었죠. 나는 그 아름다운 시절 이래 또 여러 가지 감동적인 일들을 경험해 왔습니다. 이제 그중에서 한두 가지만 골라 예쁘게 포장해서 여러분께 뜻 깊은 올 크리스마스 선물로 드리렵니다. 하나님의 영광과 평화가 함께하시기를 빕니다.

☆ 코리 텐 붐(Corrie ten Boom)

파티에의 초대

Corrie's Christmas Memories

크리스마스가 다가오면 사람들은 무엇을 생각할까? 트리 장식? 파티? 선물? 아니면…. 그러나 정작 이날의 주인공인 예수님을 생각하는 이들이 얼마나 될까? 예수님이 빠진 크리스마스! 그런데 세상 사람들은 이 절기가 다가오기 오래전부터 안절부절 괜히 들뜨고 부산하고 기대로 부푼다.

나는 방금 독일의 몇몇 기독 청소년 단체들에 나가 순회강연을 마치고 돌아왔다. 그들은 성탄절을 앞두고 특별한 은총의 역사와 경건한 마음의 준비를 위하여 나를 초대했던 것이다. 출국하기 전, 그러니까 거의 한 달 전부터 이곳 알스메르(Alsmeer)의 거리들은 이미 꿈에 취하기 시작했다.

스히폴공항의 남쪽에 자리 잡고 있는 알스메르는 세계 최대의 꽃 경매장으로도 유명하다. 장미, 라일락, 국화 그리고 튤립…. 하루에 꺾꽂이만 해도 9만 송이나 거래된다고 한다. 하여간 꽃 속에 파묻힌 채 그 향기에 취해 버리는 꽃시장 골목을 나와 좀 한산한 거리로 들어서더라도 분위기는 마찬가지였다.

길가 양쪽 상점들의 쇼윈도마다 트리와 반짝이 장식이 등장하고, 여기저기에서 들썩들썩한 캐럴 음악이 흘러나며, 퇴근길의 샐러리맨들은 그냥 집으로 향하지 못하고 괜히 이곳저곳 기웃거리며 다가올 크리스마스를 어떻게 근사하게 준비할 수 있을까 궁싯거리고 있었다. 그러나 그 누구보다도 설렘을 참지 못하고 술렁거리는 거리를 배회하거나 율리아나스

Corrie's Christmas Memories

(Julianas)나 오데온(Odeon)과 같은 곳을 서성이게 되는 것은 젊은이들이었다. 그들은 알 수 없는 감상에 젖고 애틋한 꿈에 잠긴 채 크리스마스를 손꼽아 기다리는 것이었다. 그러나 왜? 구체적으로 무엇을 위해서? 여든네 번째 크리스마스를 맞으며, 나는 새삼 사람들에게 이러한 우스운 질문을 던져 본다.

모임에 나온 독일의 젊은이들은 기대로 가득 찬 얼굴로 나에게 성탄절에 얽힌 재미있는 이야기를 해 달라고 졸라대곤 했다. 다시 네덜란드의 거리로 돌아와 여기저기 그만그만한 아이들을 보니, 잠시나마 정들었던 독일 젊은이들의 맑고 초롱초롱한 눈망울들이 아른거리기도 하고, 지나온 숱한 세월 웃고 부대끼던 사랑하는 사람들의 자취가 그리워져, 아득한 나의 크리스마스 추억을 더듬게 했다.

여러 해 전, 그러니까 유난히 눈이 많이 내리던 겨울 크리스마스가 다가올 무렵이었다. 나는 그 당시 정신없는 여행 일정을 겨우 마치고 네덜란드로 돌아와 있었다. 여러 친구들과 기관 및 단체 들에서 함께 성탄절을 보내자고 나를 초대해 주었다. 그러나 나는 다른 모든 초대들을 사양하고 어느 평범한 서민 가정을 방문하기로 결정을 내렸다. 평소 필립(Philip) 씨 내외가 나를 지극한 애정으로 대했을 뿐만 아니라, 훨씬 오래전부터 그 해 크리스마스 시간을 예약해 놓았기 때문이었다.

언제나 기억 속에 떠오르는 다른 사람들과의 추억들도 많지만, 그중에서도 필립 씨 가족과 함께 명절을 보낸 일이 가장 마음에 새로워지는 것은 그들 모두가 그토록 사랑과 정성과 감정이 지극한 사람들이라는 점과, 그런 한 가

Corrie's Christmas Memories

족이 엮어 내는 생활 모습이 한 편의 아름다운 휴먼 드라마와 같았다는 사실 때문일 것이다.

 기차가 쉬지 않고 달리고 있었다. 차창 밖에 흰 들이 하염없이 멀어져 갔다. 이따금 언덕을 오르거나 산허리를 돌아갈 때면, 나뭇가지에서 흰 눈가루들이 흩날렸다.

 며칠 전부터 날씨가 포근해지면서 찌뿌둥하더니, 급기야 간간이 몇 차례 내린 눈이 모든 대지를 한 뼘도 넘게 덮었다. 그러고는 기온이 갑자기 뚝 떨어져 온 세상을 꽁꽁 얼려 버렸다.

 아침에 하를럼(Haarlem)에서 가뿐한 차림으로 가방 하나만 간단히 챙겨 집밖으로 나서다가, 갑자기 휘익 몰아치는 바람이 매섭게 뺨을 때리고 머리칼을 날리며 온몸에 오싹하게 파고들어, 나는 나오던 길을 되돌아 얼른 집 안으로 쫓겨 들어가고 말았다. 그래서 두툼한 외투를 걸치고, 목도리를 두르고, 장갑을 끼고, 털 장화를 신고, 다시 대문을 나서자니 몸이 뒤뚱거려 잘 걷지도 못할 지경이었다.

가까스로 열차 시간에 도착하여 객실 의자에 몸을 쭈욱 내맡겼다. 객실 안은 포근했기 때문에 외투를 벗어 무릎 위에 얹어 놓았다. 달리는 열차 창밖에는 잠깐 눈이 그쳤는가 싶더니, 햇살이 온통 하얀 대지 위에 눈부시게 부서져 내렸다. 그러나 여전히 차가운 바람은 유리창을 때리고 휘휘 울며 아우성치고 있었다.

실내는 사람들로 북적거렸다. 중후한 차림의 중년 신사들은 두런두런 이야기를 나누고 있고, 지팡이를 손에 쥔 채 잠들어 있는 머리가 하얀 노인네도 보이고, 이곳저곳 모여 앉은 아낙네들은 입방아를 찧느라 정신이 없는가 하

Corrie's Christmas Memories

면, 그 옆에 화사한 빛깔의 옷으로 예쁘게 차려 입은 어린아이들은 창밖에 지나치는 풍경들이 신기한 듯 열심히 내다보며 소리를 지르기도 하고 깔깔대기도 했다. 모두들 크리스마스를 하루 앞두고 마음의 기대와 즐거움으로 얼굴 표정들이 밝았다.

식료품 판매원이 손수레를 끌고 복도를 지나가고 있었다. 나는 따끈한 커피를 한 잔 시켜 천천히 그 그윽한 냄새를 맡으며 레이던(Leiden)행 열차에 탄 동행인들과 창밖 풍경을 번갈아 바라보며 푸근한 명절 분위기에 함께 취하고 있었다.

얼마를 달렸는지, 이따금 간이역에서 기차가 멎으며 딸랑거리는 방울 소리가 들리고, 단조로운 선로 위를 구르는 접촉음에 졸음이 쏟아져 잠이 들었는가 싶었는데, 거푸 들리는 스피커 안내 방송 소리에 눈을 떴다.

"이 열차는 잠시 후 레이던에 도착하겠습니다. 내리시는 승객 여러분께서는 미리 준비하고 계셨다가 두고 내리시는 물건이 없도록 유의하시기 바랍니다!"

멀리 아득히 하얀 도시가 눈에 들어왔다. 뿌우우- 기차가 기적을 울렸다. 열차가 서서히 속력을 줄이며 레이던 역으로 접어들자, 객실에 앉아 있던 사람들 중에는 수런수런 벌써 짐을 챙겨 복도로 나서는 사람들도 보였다. 다시 안내 방송이 들리고 드디어 열차는 플랫폼으로 들어서고 있었다.

눈부신 오후의 들판을 달리다가 역 건물 안에 들어서자 플랫폼은 우중충한 느낌을 주었다. 나도 사람들 틈새에 끼어 열차에서 내렸다.

Corrie's Christmas Memories

엄마를 종종걸음으로 따라가는 꼬마들이 연신 손을 호호 불어 댔다. 나는 일단 가방을 벤치 위에 올려놓고 이곳저곳 두리번거리고 있었다.

"야아, 코리 할머니다!"

어디선가 여자 아이의 맑은 목소리가 웅성거리는 인파의 소음을 뚫고 들려왔다. 사람들이 너무 많아 누가 어디서 나를 부르는지 확인할 수가 없었다.

"할머니!"

그러나 이내 그 귀여운 목소리가 또 다른 아이들의 외침과 어우러져 바로 귓가에서 울렸다. 눈을 들어 보니, 어느새 필립 씨네 가족이 코앞에 다가와 있었다. 막내딸 샤를(Charles)이 깡총 내 품에 뛰어들어 안겼다.

"오냐, 오냐, 그래!"

내가 녀석의 등을 토닥이는 사이 다른 식구

들이 내 손을 잡으며 저마다 한마디씩 인사말을 건네 왔다.

"아이고, 이렇게 먼 길을 오시느라고 고생 많으셨지요?"

"아니, 아니요. 난 괜찮아요."

"어서 가시지요! 저희가 밖에 차를 가지고 왔습니다."

필립 씨가 말했다.

나는 한 손으로는 큰아들 레오폴트(Leopold)의 손을, 다른 한 손으로는 필립 씨 부인의 손을 붙든 채, 미끄러운 역 계단을 내려섰다.

역을 빠져나온 사람들은 각기 가족과 친지의 집을 향하여 걸음을 재촉했다. 우리도 큰 거리로 빠져나가는 골목길로 접어들었다. 또 다시 찬바람이 뺨을 에이며 몰아치는 눈길 위로, 꼬마 녀석들이 신나게 뛰어다니고 있었다.

Corrie's Christmas Memories

　　레이던 시의 거리는 비교적 차들이 뜸해 조용한 편이었다. 여기저기 다정히 팔짱을 낀 젊은이들이 유유하게 거닐고, 중년의 남정네와 부인네들이 손에 꾸러미들을 잔뜩 들고 오가는가 하면, 땡그렁거리는 당나귀 마차가 종종거리며 지나가기도 하여, 소담스런 작은 도시가 온통 행복한 분위기에 젖어드는 것만 같았다.

　　필립 씨의 차는 어느덧 시내를 빠져나와 한적한 교외를 달리고 있었다. 필립 씨네 집은 같은 레이던 시 경계에 속해 있으면서도 매우 전원적인 느낌을 주는 곳에 위치해 있었다. 울창한 겨울 나뭇가지들 사이로 뾰족한 회색 지붕이 솟아 있었다. 차가 숲을 도는가 싶더니 이내 아담한 가옥의 뜰에 멈춰 섰다. 집 안에서 주인을 반기는 개 짖는 소리가 들렸다.

겨울 참새들이 파닥거리며 요란하게 종알거렸고, 나는 어느 단란하고 행복한 가정의 귀한 손님으로 이끌려, 나를 위해 특별히 마련된 침실로 안내되었다. 그곳에 간단한 여장을 풀었다. 이내 두 딸들이 몰려와 내 손을 잡아끌며 따끈한 물에 목욕을 하고 쉬라고 재촉했다.

따뜻한 물속에 들어가자 팔다리가 나른히 풀려 왔다. 그리고 다시 침실로 돌아왔을 때, 필립 부인은 김이 모락모락 오르는 찻잔을 받쳐 들고 들어왔다. 그 그윽한 레몬 향기에 어느새 모든 피로가 땅 끝으로 몰려가는 듯싶었다.

잠깐 눈을 붙였다가 방을 나와 보니, 온 식구가 진작부터 성탄 이브 행사 준비를 마무리하느라 정신이 없었다. 응접실 의자에 앉아 그 가족들의 하는 일을 보았다. 필립 씨 부자는 이제 막 트리 장식을 완성해 가고 있었고, 부인은

Corrie's Christmas Memories

주방에서 모든 요리를 갖추느라 덜거덕거리고 있었으며, 큰딸 리아스(Leos)는 구석구석 말끔히 청소를 끝내고 있었다. 다만 막내딸 샤를만은 무엇을 해야 할지 몰라 이쪽저쪽으로 기웃거리다가 다른 식구들로부터 거치적거린다고 괄시를 당하고는 뾰로통해 있었다.

벌써 밖엔 어둠이 내리고 있었다. 겨울이라 금세 날이 저물었다. 맞은편 언덕 아래 위치한 집들은 등불을 밝히기 시작했으며, 손님들이 찾아오는지, 가끔 멀리서 개 짖는 소리도 들려왔다. 필립 씨와 그의 가족들은 성탄 이브 준비를 완전히 끝낸 듯했다. 샤를을 비롯하여 레오폴트와 리아스는 예쁜 옷들을 차려 입고 응접실 소파에 앉아 '이제 무슨 일이 벌어질까?' 하는 기대로 눈을 반짝이며 두근거려하고 있었다.

아름다운 가정

Corrie's Christmas Memories

이윽고 필립 씨 내외가 선물 꾸러미를 한 아름씩 안고 응접실로 나왔다. 아이들은 탄성을 올리며 모든 전등을 끄고 성냥을 그어 이곳저곳에 놓여 있는 빨간색과 자주색 초에 불을 붙였다. 촛불에 반짝거리는 트리 장식과 어디선가 은은한 캐럴이 흐르기 시작하자 실내는 마치 꿈속처럼 아늑하고 황홀했다.

"자, 이제 우리 가족 모두 마음을 합하여 주님께 노래를 올리십시다!"

필립 씨가 고요를 깨뜨렸다. 각자 손에 찬송책을 펼쳐 들었다.

고요한 밤 거룩한 밤
어둠에 묻힌 밤
주의 부모 앉아서
감사 기도드릴 때
아기 잘도 잔다
아기 잘도 잔다

그렇게 온 식구가 한마음으로 경건히 부르는 노래를 들어 본 기억이 나지 않는다. 마치 아기 예수님이 트리 옆 구유 속에 강보로 싸인 채 누워 계신 듯 착각할 정도였다. 찬송이 끝나자 필립 씨가 성경을 펴 말씀을 낭독했다. 그리고 그는 나에게 정중히 고개를 돌려 말했다.

"코리 아줌마! 저희 모두를 대표해서 주님께 기도를 올려 주세요!"

모두들 두 손을 모으고 눈을 감았다.

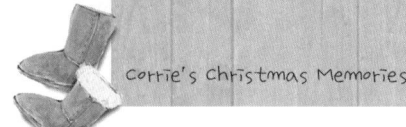

"하나님, 감사합니다! 죄 많은 세상을 이토록 사랑하셔서, 저희 어둠에 거하는 자들에게 독생자를 보내 주셨습니다. 이 밤, 여기 주님의 아름다운 가정, 귀한 자녀들이 한자리에 모여 아버지를 찬양합니다. 오, 하나님, 지극히 높은 곳에서 영광을 받으소서! 그리고 이 시간 땅 위의 모든 사람들에게 복을 주시고, 특별히 사랑하는 필립 씨 가족 모두에게 은총을 내려 주소서! 아멘."

간단한 예배가 끝났다. 필립 씨가 얼굴에 웃음을 함빡 띤 채 멋지게 포장된 선물 상자 하나를 집어 들고 나에게 다가와 내밀었다.

"메리 크리스마스! 이렇게 특별히 저희 가족과 함께 성탄절을 보내시려고 먼 길을 달려와 주신 코리 아줌마께 깊은 감사를 드립니다."

순간 응접실 안은 박수갈채와 환호성으로

가득 찼다. 그들의 정성이 너무나 극진해서 나는 그만 얼굴이 화끈 달아올랐다. 나는 얼른 감사의 마음을 전하고 옆에 준비한 가방을 열었다. 거기엔 다섯 식구를 위한 선물이 골고루 준비되어 있었다.

"메리 크리스마스! 주님, 이 가정에 복을 주시옵소서!"

내가 쓴 책 중에 특별히 선정한 것을 필립 씨 내외와 큰아들에게 주고, 둘째 리아스에게는 강아지 인형을, 막내 샤를에게는 갖가지 모양의 사탕이 든 상자를 건넸다. 그러자 이번에는 나머지 식구들이 차례로 다가와 나의 뺨에 입을 맞추며 한 가지씩 선물을 안겨 주는 것이었다. 내 옆에는 금세 선물 꾸러미가 수북이 쌓였다.

선물 교환을 마치고 식구들은 다시 한쪽 트

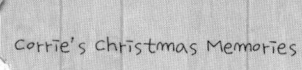

리를 중심으로 소파에 둘러앉았다. 그리고 즐거운 캐럴을 불렀다.

"그럼 지금부터 우리 왕자님과 공주님들이 준비한 이야기보따리를 풀어 보겠습니다. 보따리를 다 풀 때까지 맛있는 저녁 식사는 주방에서 꼬르륵거리며 기다리겠답니다. 열심히 잘하세요!"

첫 발표는 일곱 살짜리 막내딸 샤를이 하도록 되어 있었다. 샤를은 다소 긴장이 됐는지 두 손을 맞잡고 숨을 크게 들이쉬었다. 모두들 사랑스러운 눈길로 바라보며 잔뜩 귀 기울이고 있었다.

"겨울이었어요. 오늘같이 바람이 불고 추웠어요. 그날이 크리스마스이브였으니까요."

샤를은 잠깐 한숨을 내쉬고는 준비했던 대

아름다운 가정

로 술술 이야기를 꺼냈다.

"거리는 점점 어두워지고 있었어요. 그런데 그 어둡고 추운 거리를 한 어린 소녀가 헤매고 있었답니다. 가만 보니 신발도 못 신고 장갑도 못 끼고요, 조그만 헝겊 조각 하나를 주워 두른 게 전부였어요."

나는 벌써부터 가슴속에서 슬픔이 울렁거리기 시작했다.

"엄마가 남겨 준 신발이 하나 있긴 있었어요. 그런데 조금 전에 길을 건널 때 달려오는 자동차를 피하려다가 어디선가 잃어버린 것 같아요. 그 아인 엄마가 죽고 없었어요. 술주정뱅이 아빠는 그 뒤로 어딘가로 나가 들어오지 않았죠. 집에는 늙은 할머니랑 아주 어린 남동생만 있었답니다."

그러면서 샤를은 옆 눈으로 자기 아빠를 슬

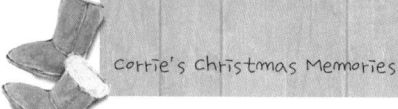

쩍 훔쳐보았다. 필립 씨는 잘 알겠다는 표시로 연신 고개를 끄덕여 주었다. 그러자 샤를이 다시 이야기를 이어 갔다.

"아침에 집을 나올 때, 동생은 맛있는 걸 사 오라고 떼를 쓰고, 할머니는 얼른 성냥을 다 팔고 큰 보리빵 한 덩이만 사 오라고 당부했어요. 네, 그래요. 저것 보세요. 소녀가 치마폭에 무엇을 싸고 다니잖아요! 그게 바로 성냥이에요."

어린 샤를은 이제 완전히 자신의 이야기 속으로 빠져들고 있었다.

"아침 대신 물만 먹고 나온 소녀는 거리를 돌아다니면서 외쳤어요. '성냥 사세요!' 그러나 소리가 크게 나질 않았어요. 거리에는 사람들이 별로 없었죠. 춥고 바람 부는 날이었기 때문이에요. 그래서 어느 집 문을 두드려 보았어요. 그랬더니 무섭고 큰 개가 쫓아 나오면서 컹 컹 짖고 으르렁거려, 소녀는 너무너무 무서워 도망치고 말았죠.

어떤 아저씨가 지나가고 있었어요. 양복에 넥타이를 매고, 외투를 입고 모자를 쓴 것으로 봐서 훌륭한 선생님 같았어요. 그래서 소녀는 용기를 내어 모기소리만 하게 부탁을 했답니다. '성냥 사세요!' 신사가 흘끔 쳐다봤어요. 그러나 그 사람은 '흥, 성냥?' 하면서 그냥 무심히 지나가고 말았죠. 신사의 주머니엔 좋은 라이터가 있어서, 그까짓 성냥은 필요 없다는 것 같았어요."

레오폴트를 보니 화가 치밀어 못 견디겠다는 표정이었다.

"뚱뚱한 아줌마도 귀찮다고 아무 대꾸도 안 하고 그냥 가 버렸고요, 소녀보다 나이가 많아 보이는 한 소년은 미친 애라고 막 놀리다 욕을

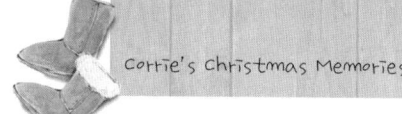

하고 뛰어갔어요. 동전 한 닢은커녕, 성냥을 사는 사람조차 아무도 없었어요."

샤를은 고조된 감정을 진정시키느라 가슴에 두 손을 얹고 잠시 말을 멈췄다. 필립 부인도 손으로 입을 가리고 있었다.

"소녀는 너무너무 춥고 배고프고 지쳐서 길바닥에 주저앉았어요. 금방이라도 쓰러져 버릴 것만 같았답니다. 그러나 눈앞에 어린 동생과 늙은 할머니 얼굴이 어른거려서 이를 악물고 다시 일어섰어요.

어느새 어둠이 내리고 있었어요. 소녀는 꽁꽁 얼어 저린 발을 끌면서 천천히 걷고 또 걸었답니다. 그리고 마지막 있는 힘을 다해서 외치고 또 외쳤답니다. '성냥 좀 사 주세요.' 그러나 이제는 더 이상 목구멍 밖으로 아무 소리도 나오지 않았어요.

이젠 거리도 깜깜해서 아무도 알아볼 수가 없었고, 소녀는 기진맥진 어디로 가고 있는지도 알 수 없었어요. 소녀는 결국 읍내 어느 외딴 집을 지나다가 담 옆에 쓰러지고 말았지요.

 눈이 오기 시작했어요. 소녀는 몸까지 젖고 있었죠. 하늘을 바라보았어요. 하늘에서는 하얀 눈이 하염없이 내리고 있었답니다."

 샤를은 이제 목소리마저 떨려 말 한마디 한마디를 간신히 잇고 있었다.

 "엄마 생각이 났어요. 그런데 하늘은 흐리고 어두워 엄마 얼굴이 보이지 않았어요. 그래서 소녀는 성냥을 하나 켜 들었죠. 환한 성냥불이 타오를 때, 하늘에서 엄마 얼굴이 웃고 있었어요. '하니야!' 엄마가 팔을 벌려 주었어요.

 그러나 성냥은 이내 꺼져 버리고, 엄마도 더이상 보이지 않았죠. '엄마!' 소녀는 마지막 있

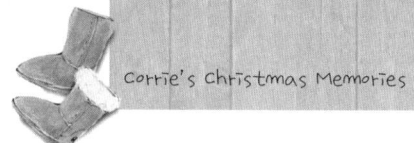

는 힘을 다해 소리 지르며 다시 성냥을 켜 들었어요. '하니야!' 하염없이 내리는 눈송이들 사이에서 엄마가 팔을 벌리고 웃어 주었어요…."

샤를은 북받치는 울음을 참지 못하고 두 손으로 얼굴을 감싸며 구석으로 뛰어가 웅크렸다. 흐느낌은 급기야 '엉엉!' 울음소리로 변하고 말았다. 샤를은 이제 더 이상 자신의 이야기를 이어 갈 수 없게 되고 말았다.

나도 벌써부터 눈물이 흘러내려, 그것을 억제시키느라 애쓰고 있는 참이었다. 샤를은 참으로 감성이 풍부하고 마음이 순수한 아이였다. 그 또래의 아이가 이야기에 감정을 실어 그렇게 잘 엮어 내는 경우는 처음 보았다.

리아스가 가서 등을 토닥이며 달래려 했지만 한 번 터진 샤를의 울음은 그칠 줄을 몰랐다. 필립 부인은 리아스에게 그냥 가만 놔두라는 눈짓과 함께 다음 리아스의 차례를 진행하라는 신호를 보내 주었다.

올해 중학생이 된 리아스는 샤를의 〈성냥팔이 소녀〉 이야기로 사뭇 엄숙해져 목소리마저 가라앉아 있었다.

"네로랑 파트라슈는 세상에 둘도 없이 가까운 친구였습니다. 네로는 벨기에 아덴느 지방에서 출생한 소년이고, 파트랴슈는 플란더스에서 태어난 개였습니다."

필립 씨가 부인의 귀에 대고 속삭였다.

"여보, 올 크리스마스에는 우리 애들이 모두 슬픈 얘기만 준비한 모양이오!"

"그러게 말예요."

리아스가 이야기를 계속하고 있었다.

"네로는 아직 어렸지만, 파트라슈는 이미

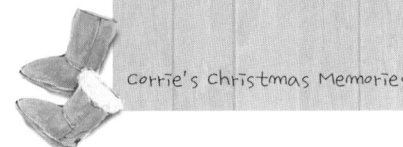

늙어 버린 개였답니다. 다만 둘 다 어머니와 아버지가 없다는 점이 같았을 뿐이지요.

그들은 벨기에 북부 쉘트 강 하구의 항구도시 근교 오두막집에 살고 있었죠. 마을은 아주 작은 편이어서, 집이라야 모두 스무 채 정도뿐이었지만, 경치는 몹시 아름다웠답니다. 오두막 주위에는 넓은 밀밭과 목장 초지가 끝없이 펼쳐져 있고요, 그 들을 가로질러 흐르는 강둑에는 느티나무와 포플러나무들이 바람에 흔들리고 있었지요. 집집마다 하늘색 들창이 달려 있는가 하면, 지붕들은 짙고 연한 장미색이었으며, 마을 한가운데는 담쟁이와 이끼로 뒤덮인 오래된 풍차가 당당히 서 있었답니다."

언니의 이야기 소리에 샤를도 눈물을 닦고 소파 한 구석 자리에서 열심히 귀를 기울이고 있었다.

"그 풍차 맞은편엔 작고 낡은 뾰족한 지붕의 교회당이 있어서, 마을 사람들은 오두막집 근처의 오솔길을 따라 풍차 방앗간에 밀을 찧으러 가거나, 교회당에 예배를 드리러 다녔습니다.

교회당 종소리가 울려 퍼지는 곳에 오두막이 있었는데, 네로와 파트라슈가 그곳에서 살고 있었죠. 그 집은 원래 제한 다스라는 절름발이 가난한 할아버지의 집이었어요. 전장에서 다쳐 불구가 된 할아버지가 80이 되던 해에 아덴느에서 혼자 살던 딸이 병으로 아들 하나를 남겨 놓고 죽었기 때문에, 할아버지가 어린 손자 네로를 그곳 오두막으로 데려왔던 거예요. 할아버지는 푸른 목초와 밀 이삭이 물결처럼 일렁거리는 언덕에서 네로를 소중히 아끼고 보살피면서 지난 모든 슬픔과 상처마저 잊게 되

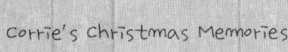

었답니다."

샤를은 눈앞에 아름다운 풍경과 함께 외롭고 사랑스런 사람들의 모습이 생생히 보이기라도 하는 듯 크게 한숨을 쉬었다. 어쩌면 언니의 이야기가 자신의 〈성냥팔이 소녀〉 이야기보다 더 슬프면 어쩌나 걱정이 되었는지도 모를 일이다.

"어린 네로는 할아버지의 지극한 사랑 속에서 무럭무럭 자랐습니다. 그들은 진흙을 이겨 바른 오두막에서 가난하지만 행복하게 살아갔습니다. 오두막 옆에 있는 손바닥만 한 텃밭에서는 완두콩과 감자 같은 채소들이 제법 싱그럽게 자랐습니다. 그러나 밭이 너무 작았기 때문에 소출이 그리 많이 나진 않았죠. 할아버지는 네로와 파트라슈를 배불리 먹이지 못하는 것이 늘 마음 아팠습니다.

하지만 그들은 정말로 행복했답니다. 그들은 빵 한 조각만 생겨도 서로 나누어 먹었고, 그 이상 욕심도 부리지 않았습니다. 무엇보다 서로를 참으로 사랑했기 때문이지요."

필립 씨 내외가 고개를 끄덕이고 있었다.

"할아버지가 가지고 있는 한 가지 소원은 네로가 훌륭하게 무럭무럭 자라는 것이었고, 네로의 소원은 할아버지와 파트라슈가 언제까지나 건강하게 곁에 있어 주는 것이었어요.

파트라슈로 말하자면, 누런 털에 유난히 큼직한 체구와 튼튼한 네 발을 가진 개로서, 무엇보다 할아버지와 네로를 극진하게 따르며 일을 아주 열심히 잘 해내는, 그 집의 귀한 보물과도 같았습니다. 또 파트라슈 편에서도 할아버지와 네로가 먼저 주인과 같이 심하게 매질을 해 대지 않고 오히려 극진한 사랑과 정을 쏟아 주었

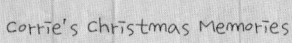

기 때문에 잘 먹지 못해도 신나고 즐거웠죠.

파트라슈는 원래 플란더스 지방에서 일을 부리기 위한 개로 태어났습니다. 어미 개로부터 물려받은 것이라곤 고된 일뿐이었지요. 그 개의 운명은 평생 주인의 채찍 아래 힘들게 일만 하다가 길가에 쓰러지는 것이었어요.

파트라슈가 처음 만난 주인은 고물장수였는데, 파트라슈에게 수레를 매달고 방방곡곡을 돌아다니며 고물을 주워 팔아 생계를 유지했답니다. 그런데 그는 얼마나 지독한 술주정뱅이인지, 돈만 생기면 날마다 술을 퍼마시고, 파트라슈에게는 음식도 제대로 주지 않으면서, 힘들어 지쳐 있으면 엄살을 부린다고 때리고 차며 괄시를 해 댔지 뭐예요. 파트라슈는 2년째 그런 고생을 하고 있었어요.

그러던 어느 무더운 여름날, 물 한 모금 못

아름다운 가정

얻어먹고 하루 종일 수레를 끌고 다니던 파트라슈는 탈진하여 언덕길에 쓰러지고 말았습니다. 술 취한 주인 남자는 개를 몽둥이로 마구 때리고 발길로 세차게 걷어찼어요. 그러나 한참을 그렇게 얻어맞아도 파트라슈는 끝내 일어날 수가 없었답니다. 그래서 그 남자는 개가 병들었거나 죽어 가고 있다고 생각하고, 파트라슈를 길가 풀숲에 굴려 버린 후, 손수 고물 수레를 끌고 읍내로 향했습니다. 수레가 몹시 무거워 끌기가 어렵다는 것을 느낀 남자는 그제야 파트라슈가 얼마나 충실하고 인내심 많은 개였는가를 깨닫게 되었습니다."

이야기에 열심히 귀 기울이고 있던 샤를은 너무나 슬프고 감동이 된 나머지 내 곁에 바짝 의지해 앉아 팔짱을 꼭 끼고 있었다.

"파트라슈는 개미가 몸에 달라붙고 벌레가

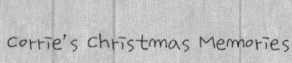

쏘아 대도 꼼짝 못하고 쓰러져 있었습니다. 많은 사람들이 오고 갔지만, 누구 하나 죽어 가는 개에게 관심을 가져 주는 이가 없었습니다.

허름하고 허리 굽은, 게다가 다리마저 저는 어떤 노인이 그 길을 지나가다가 쓰러진 개를 보고 다가왔지요. 그 옆에는 두세 살쯤 되어 보이는 금발 머리 아이가 종종걸음으로 할아버지를 따르고 있었고요. 그렇게 해서 파트라슈는 네로와 한 식구가 되었답니다.

할아버지의 간호와 정성이 얼마나 극진했던지, 파트라슈는 한 달이 다 가기 전에 완전히 건강을 되찾아 힘차게 일어섰답니다."

"우와!"

내 곁의 샤를이 손뼉을 쳤다.

"쉿!"

그러자 오빠 레오폴트가 주의를 주었다. 이

야기가 다시 계속되었다.

"할아버지는 오두막 한쪽 구석에 마른 풀을 깔아 파트라슈의 잠자리를 마련해 주었습니다. 파트라슈는 앓는 동안 할아버지의 정성과 네로의 사랑에 깊은 정이 들어 버렸습니다. 그리하여 파트라슈의 가슴에는 두 주인을 향하여 죽을 때까지 결코 변치 않을 커다란 사랑이 움텄습니다.

파트라슈는 비록 말을 할 수 없는 개였지만 할아버지의 은혜를 깊이 느꼈습니다. 또한 절름거리며 힘겹게 수레를 끄는 할아버지를 위하여 자기가 할 일이 무엇인지를 잘 알고 있었습니다.

할아버지의 직업은 우유 배달부였습니다. 가축을 기르며 살림이 넉넉한 사람들이 짠 우유를 매일 읍내까지 날라다 주는 일이었죠. 그

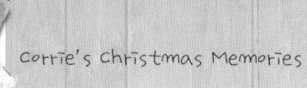

런데 할아버지는 한 해 한 해 나이가 들수록 수레 끄는 일이 점점 힘겨워졌어요.

어느 날 아침, 파트라슈는 네로가 만들어 준 꽃목걸이를 목에다 걸고 그늘에 앉아 수레에 우유 통을 싣는 할아버지를 유심히 바라보고 있었습니다. 그러다가 할아버지가 힘겹게 수레 손잡이를 일으키자, 재빨리 그 사이로 뛰어들어 손잡이를 목에 걸치고는 앞발을 굴러 댔습니다. 할아버지는 얼마 후에야 파트라슈의 간절한 마음을 알아차리고 그것이 너무나 대견스러워 껄껄 웃으며 등을 토닥여 주었죠. 그러나 할아버지는 멜빵을 짚어 주려 하지 않았어요. 그러자 파트라슈가 이번엔 수레 손잡이를 입에 물고는 뒷걸음치며 한사코 수레를 끌고 가려 했어요. 할아버지는 파트라슈를 꼭 끌어안고 뺨을 비볐습니다. 할아버지가 진 거예요."

어린 샤를의 가슴에 가득 찬 뭉클거리는 감동은 말할 것도 없고, 우리 어른들도 모두 리아스가 엮어 가는 이야기에 고개를 끄덕이며 갈수록 깊이 빠져들고 있었다.

"그래서 할아버지는 수레를 급히 고쳤고, 그날부터 파트라슈는 하루도 쉬지 않고 힘차게 수레를 끌기 시작했습니다.

어느덧 가을도 다 지나고 추운 겨울이 돌아왔습니다. 그러나 눈이 오든 비가 오든, 수레가 진창에 빠질 때도, 파트라슈는 네로와 할아버지를 위하여 열심히 우유 배달을 해냈습니다. 파트라슈가 없었더라면, 그 겨울이 깊어 갈수록 할아버지와 네로는 생계조차 곤란했을 거예요. 그러나 이제 세 식구는 날마다 웃으며 행복을 느낄 수 있게 되었답니다.

그렇게 세월이 또 흐르고 흘러, 어느덧 3년

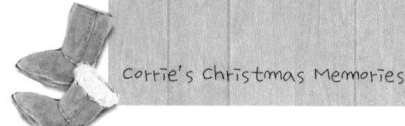

이 지났습니다. 그 사이 할아버지는 더욱 늙어 신경통이 심해지고 거동하기가 어려워지셨습니다. 이제는 앤트워프까지 갈 수조차 없게 되었어요.

반면 여섯 살이 된 네로는 건강하고 씩씩해졌습니다. 그동안 네로는 할아버지와 파트라슈를 따라 동네와 읍내를 무수히 오갔기 때문에 우유 배달 일을 훤히 알게 되었죠. 그래서 할아버지가 움직이지 못하고 누워 있는 날에도 네로는 파트라슈를 데리고 훌륭히 우유 배달을 해낼 수 있었어요. 마을 사람들도 어린 네로를 귀여워하며 너도나도 일을 맡겨 주었죠.

네로는 정말 귀여운 아이였어요. 맑고 까만 눈, 사과처럼 발그스름한 두 뺨, 그리고 목까지 내려진 물결치는 금발 머리! 그런 네로가 파트라슈가 방울 소리를 울리며 끄는 우유 수레 옆

아름다운 가정

에서 뛰어갈라 치면, 사람들은 일손을 멈추고 대견스럽다는 듯 웃어 주곤 했지요.

할아버지는 이제 날씨가 좋아지고 몸이 조금 괜찮아질 때도 읍내에 나갈 필요가 없게 되었어요. 대신 문간에 서서 우유 배달을 나가는 네로와 파트라슈를 배웅하거나 맞이했습니다. 혼자 있을 때는 의자에 앉아 꾸벅꾸벅 졸거나 꿈을 꾸고, 또 정신이 깨어나서는 이따금 기도를 올리기도 했지요.

그런 나날도 흐르고 흘러 다시 여러 해가 지났습니다. 봄과 여름이 되면 넓고 푸르른 들판은 모두 네로와 파트라슈의 세계가 되었습니다. 운하 기슭을 따라선 물망초와 수선화, 방울초롱 등 갖가지 꽃이 피고, 나뭇가지마다 달린 싱그러운 잎사귀들은 바람에 흔들리고 있었어요. 이따금 운하를 따라 화물선이 미끄러지듯

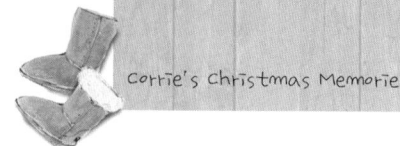

번쩍거리는 물살을 헤치며 지나가기도 했죠. 네로와 파트라슈는 우유 배달만 끝나면 그 끝없는 벌판으로 나가 이리저리 달리고 뒹굴며 어느 사이 하루가 지나는 줄 몰랐답니다.

그런데 한 가지, 파트라슈 눈에 이상하게 보이는 일이 있었어요. 네로가 나이를 먹어 가면서 앤트워프 읍내에 다녀오는 길에 교회당에 들르는 일이 잦아졌던 거죠. 그리고 네로가 일단 교회당에 들어갔다 밖으로 나오면, 완전히 딴사람 같아 보이는 것이었어요. 어느 때는 매우 심각하고, 어느 때는 풀이 죽어 있고, 또 다른 때는 엄숙히 생각에 잠겨 있거나 뛸 듯이 기뻐했던 거죠.

파트라슈는 네로가 왜 교회당에 들어가는지도 모른 채 언제까지나 문밖에서 눈이 빠지게 기다릴 뿐이었어요. 그런데 사실은 네로가 자라면서 점점 그림에 깊은 흥미와 관심을 보이게 되었던 거예요. 교회당에는 바로 그 유명한 빛의 화가 루벤스의 〈그리스도의 승천〉과 〈십자가에서 내려지는 그리스도〉가 걸려 있었지만, 늘 휘장으로 가려져 그것을 볼 수 없었던 거죠. 교회의 관리인들은 부자들이 와서 은화를 낼 경우에만 그 휘장을 벗기고 그림을 보여 줬어요. 그러니 네로처럼 가난한 아이의 마음이 어떠했겠어요. 그러나 네로의 마음속에서는 갈수록 그림을 그리고픈 천재적 열망이 꿈틀거렸답니다.

네로는 눈에 띄는 그림이란 그림은 모두 주의 깊게 눈여겨보기 시작했습니다. 땅바닥에 돌멩이로 동물이며 나무, 언덕들을 그리곤 하는 네로의 눈에는 이상한 빛이 감돌았습니다. 그럴 때면 할아버지는 침대에 누운 채 그런 네

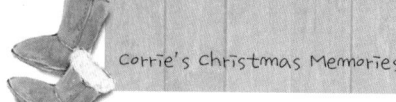

로를 불러 말하곤 했습니다. '네로야, 네가 어른이 되어서는 조그만 땅이라도 가지고 그걸 부쳐서 배불리 먹고 살았으면 좋겠구나! 그럼 나도 편안히 눈을 감을 수 있을 텐데….'"

필립 씨 부부는 깊은 한숨을 내쉬었다. 그들은 아이들을 키우는 부모로서 할아버지의 애환을 누구보다도 잘 이해하고 있었기 때문일 것이다.

"언제부턴가 네로에게는 파트라슈 말고 또 다른 좋은 친구가 생겼습니다. 그 아이는 푸른 언덕 위 풍차 집에 사는 아로아라는 소녀였어요. 아로아는 네로처럼 눈동자가 검기도 했지만, 무엇보다도 굉장히 예뻤어요. 네로는 아로아에게 자신의 꿈을 마음 놓고 털어놓을 수 있어서 너무너무 좋았죠.

친구는 언제까지나 변함없이 셋이었어요.

아름다운 가정

네로와 아로아, 파트라슈는 특별한 일이 없는 한 언제나 함께 풀밭에서 뛰어놀았어요. 가을엔 언덕에서 들국화를 한 아름 꺾기도 하고, 겨울에는 펑펑 내리는 눈을 맞으며 눈사람도 만들고요, 마을의 낡은 교회당에 예배를 드리러 가서도 나란히 앉고, 이따금 장작이 활활 타는 아로아네 집 난롯가에 앉아 불을 쬐기도 했답니다."

나는 눈을 감고 그 천사 같은 동심의 세계를 그리며 나의 어린 시절을 떠올려 보았다. 아, 분명 천국은 그와 같이 아름다울 것이다.

"아로아네는 그 마을에서 가장 큰 부잣집이었어요. 아로아는 이제 겨우 열두 살이었는데, 사람들은 저마다 자기네 며느리를 삼았으면 하고 탐을 내고 있었답니다.

어느 날 아로아의 아버지 코제츠 영감은 길

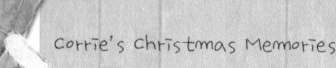

을 가다 빨간 풍차 뒤 목장의 초지에서 사랑스럽게 어울려 노는 두 아이를 보았어요. 영감이 가만히 다가가 보니, 아로아는 파트라슈의 밤색 머리를 무릎 위에 올려놓고 클로버 풀꽃을 엮어 목걸이를 걸어 주고 있고, 네로는 화판에다 뭔가를 열심히 그리고 있었어요.

코제츠 영감은 더 가까이 다가가 네로의 등 너머에서 화판을 건너다보았어요. 거기엔 외동딸 아로아와 똑같은 아이가 자신을 보며 환하게 미소 짓고 있었어요. 순간 코제츠 영감은 코끝이 시큰하며 눈물이 글썽거리는 것을 느꼈답니다. 그만큼 아로아를 끔찍이 아끼고 있었던 거예요.

그런데 웬일인지 코제츠 영감이 소리를 버럭 지르는 것이었습니다. '아로아, 엄마가 집에서 기다리고 있는데, 여기서 뭐하고 있는 거니,

응?' 아로아는 아버지의 무서운 호통에 놀라 그만 울음을 터뜨리고 말았어요.

코제츠 영감은 울면서 뛰어가는 아로아를 물끄러미 바라보다가, 갑자기 네로에게로 돌아서며 아이의 손에서 송판을 홱 빼앗아 버렸습니다. '너 이놈, 언제나 이따위 짓을 하는구나!' 영감이 눈을 부릅떴습니다.

'저는 예쁜 것이라면 무엇이든 다 그리고 싶어요⋯.' 네로는 고개를 숙이고 기어들어가는 목소리로 간신히 대답했어요. 그제야 영감의 눈빛이 풀어지며 목소리도 부드러워졌어요. '이런 짓은 그만둬라. 헛되이 시간만 낭비하잖니!' 그러고는 주머니에서 1프랑짜리 은화 하나를 꺼내 네로에게 내밀었어요. '이 그림, 나에게 주지 않을래?'

네로는 얼굴을 붉히며 급히 대답했습니다.

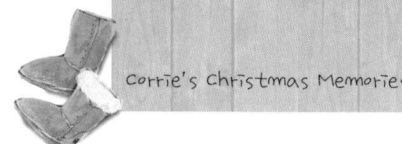

'돈은 안 주셔도 돼요. 그냥 드릴게요!' 그러고는 집을 향해 뛰어갔습니다. 코제츠 영감은 손에 든 그림과 멀어지는 네로를 번갈아 쳐다보고 고개를 갸우뚱거리며 '허어' 하고 감탄을 했어요."

리아스의 이야기에 빠져 있는 나머지 식구들은 모두들 안타까워 어쩔 줄 몰라 하는 표정이었다.

"그날 밤 코제츠 영감은 난롯가에서 부인과 그림을 놓고 이야기를 나눴죠. '우리 아로아가 네로랑 너무 가까이 지내는 것 같아 큰 걱정이야! 네로 녀석 벌써 열다섯 살이고, 아로아도 열둘 아니오. 앞으론 둘이 가까이 지내지 못하도록 각별히 신경 쓰구려! 귀찮은 일이 생길지도 모르니…' 코제츠 부인이 대답했어요. '하지만 네로는 착하고 정직한 아이에요. 뭐 그러다가 둘이 잘되면 더 좋죠. 한 밑천 뚝 떼어서 살림을 차려 주면, 행복하게 살 텐데….' 그 말에 코제츠 영감이 벌떡 일어서며 버럭 소리를 질렀어요. '뭣이? 그 아이는 거지나 다름없어. 배우지도 못했고. 게다가 맨날 화가나 되려고 그림이나 붙들고 있으니, 더 고약하지! 뭘 보고 우리 아로아를 주냔 말이야! 만일 그냥 저렇게 가만 내버려두면 아로아를 수녀원에나 보낼 테니 그런 줄 알아!'

코제츠 부인은 네로를 무척 좋아했으나, 아로아를 수녀원에 보낸다는 말에 하얗게 질려 버렸어요. 사실 영감도 내심 네로를 좋아하지 않은 것은 아니지만, 워낙 돈과 재산을 중요하게 여기는 사람이었기 때문에, 아주 쌀쌀한 모습을 보였답니다.

그 일이 있은 뒤, 네로와 아로아는 점점 멀

어지는 듯했어요. 네로는 자신의 처지를 알았기에 너무나 가슴이 아팠지요. 평소 같으면 조금만 틈이 생겨도 풍차가 돌아가는 아로아네 집 언덕으로 뛰어갔을 텐데, 이제는 그곳에 그림자도 얼씬거릴 수가 없게 되었어요.

네로는 먼동이 틀 무렵 파트라슈와 함께 포플러 가로수 길을 달려도 즐겁지 않았어요. 빨간 지붕의 풍차 집을 멀찍이 돌아서 다니며 아로아의 방 창문을 바라볼 때면 더욱더 마음이 아파서, 그 길은 더 빨리 지나치려고 애썼어요. 그러나 자꾸 고개가 그곳으로 돌려지는 걸 어떡해요."

레오폴트가 이마에 손을 짚은 채 고개를 떨어뜨렸다.

"아로아는 자기의 방 안에 갇혀 뜨개질을 하면서 닭똥 같은 눈물을 뚝뚝 떨어뜨린 적이 한두 번이 아니에요. 아로아도 네로가 너무나 보고 싶었답니다.

돌아가는 사정을 모르는 할아버지는 침상으로 또 다시 네로를 불러 타일렀죠. '우린 가난한 사람이다. 하나님이 내려 주시는 것은 무엇이든 불평하지 말고 달게 받아야 한단다. 원래 가난하게 태어난 사람은 궂은 일, 좋은 일을 가려선 안 되는 것이야.' 착한 네로는 한 번도 할아버지에게 말대꾸를 해 본 적이 없었습니다. 대신 자기의 소중한 꿈을 가슴 깊이 간직하고 있을 뿐이었어요.

그러던 어느 날, 집안사람들이 아무도 없는 사이 아로아가 바람을 쐬려고 뒤편 언덕을 넘어 나무들 사이를 걸어가는데, 밀밭 기슭에 네로가 쪼그리고 앉아 무엇인가 골똘히 생각하고 있는 것이 보였어요. '네로!' 아로아가 뛰어갔

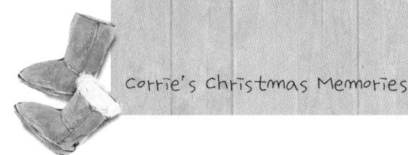

어요.

 아로아는 네로의 모습을 보자 눈물이 샘솟는 것 같아, 그만 두 손으로 얼굴을 가린 채 돌아섰어요. 네로는 무척 기뻤으나 울음을 터뜨린 아로아를 어떻게 달래야 할지 몰라 당황스러웠어요. 그래서 아로아의 어깨를 토닥이며 말했죠. '아로아, 나 꼭 훌륭한 사람이 될게! 그러면 아버지랑 다른 사람들이랑 모두 날 받아 줄 거야. 그때까지 기다려 줄 거지?' '몰라, 몰라!' 아로아는 더욱 서럽게 흐느끼기만 했어요. 그러다가 젖은 눈망울로 네로의 얼굴을 보았어요. '네로, 나 좋아해?' 네로는 가슴이 쿵쿵 뛰고 얼굴이 홍당무처럼 되어 버렸어요. '응!' 네로는 힘차게 고개를 끄덕였죠. '나 정말 훌륭한 사람이 될게!' 네로는 그 한마디를 뒤에 남기고는 마구 뛰었어요.

누렇게 물들어 가는 밀밭이 바람에 일렁이자, 건초 냄새가 물씬 풍겨 왔어요. 벌써 저녁 노을이 붉게 물들고 멀리 교회당의 뾰족 지붕이 햇살에 반짝이는데, 아로아는 풀숲에서 들려오는 여치 소리에 잠긴 채 언제까지나 움직일 줄 모르고 서 있었어요."

샤를은 이제 나의 팔에 얼굴을 묻어 버렸다.

"가을이 깊어질 무렵 코제츠 영감은 마을의 모든 소년 소녀들을 집으로 초대해 잔치를 벌였어요. 아로아가 정식 그리스도교 신자가 된 것을 축하하기 위해 성도제를 열었던 거죠. 그러나 그곳에는 네로만 빠져 있었어요. 허전하고 서운한 아로아의 마음을 아는지 모르는지, 젊은이들은 밤늦게까지 흥에 겨워 먹고 마시고 춤추며 놀았습니다. 그러나 네로는 싸늘한 길가에서 저만큼 불빛이 훤한 아로아의 방 창문

Corrie's Christmas Memories

만 바라보며 파트라슈를 꼭 끌어안고 쓰다듬을 뿐이었죠.

계절이 또 다시 지나고 있었어요. 네로에게는 남들이 모르는 비밀이 한 가지 있었는데, 그것은 네로가 조그만 헛간에다 자신만의 화실을 차려 놓고 그림 그리기 연습을 시작한 거예요. 화실이라야 싸구려 종이쪽지를 받칠 송판과 목탄이 전부였지만, 네로는 있는 힘과 정성을 다하여 다가오는 읍내 미술전에 출품할 작품을 만들고 있었답니다.

기온이 뚝뚝 떨어지기 시작했어요. 얼음이 어는가 하면, 이따금 눈도 내려 길이 미끄러워졌습니다. 파트라슈에게 힘겨운 계절이 돌아온 거예요. 많은 세월이 흐르는 동안, 네로는 점점 힘찬 소년으로 자랐지만, 파트라슈는 나날이 힘이 빠지고 뼈마디가 욱신거려 수레를 끌기가 너무나 힘겨워졌습니다. 그래서 네로는 파트라슈에게 멜빵을 메 주지 않고 자기가 수레를 끌려고 해 보았지만, 파트라슈는 아침마다 한사코 수레 앞으로 기어드는 것이었어요. 파트라슈는 분명 다시 쓰러지는 날까지 두 주인을 위해 마지막 힘을 다해 수레를 끌어 주고 싶었을 거예요.

어느 날은 오후부터 폭설이 내리기 시작했습니다. 새벽에 일어나 보니, 무서운 북풍이 몰아치면서 길조차 분간하기 어려웠어요. 그날 파트라슈는 네로와 함께 우유 배달을 나갔다가 저녁때가 되어서야 겨우 돌아왔습니다.

걱정과 기다림에 지친 할아버지는 이윽고 침상에서 네로 일행을 반겨 맞으며, 눈에 젖은 둘을 가까이 불렀습니다. '가여운 파트라슈! 머잖아 너하고 나는 무덤 속에서 편히 쉬겠구나….' 할아버지는 파트라슈의 젖은 등을 쓰다듬었습니다. 파트라슈는 가만히 꼬리만 흔들고 있었지요.

할아버지는 파트라슈의 검은 눈을 조용히 들여다보며 한숨을 내쉬었습니다. '우리가 죽으면, 누가 저 아이를 돌보아 줄까….' '할아버지!' 네로의 목소리가 떨렸습니다. 할아버지의 단 한 가지 걱정은 그것이었던 것입니다. 파트라슈는 주름투성이의 할아버지 손을 연신 핥고 있었지요."

나의 감은 눈앞에 지금은 이별하여 만날 수 없는 사람들의 얼굴들이 스쳐 가고 있었다. 아, 만일 우리가 천국에서 다시 만날 소망이 없다면, 나는 그 슬픔을 단 하루도 견뎌내기 어려울 것이다.

"어느 날 오후, 네로와 파트라슈는 바람 부

는 들판을 지나다가 길 위에서 조그맣고 예쁜 인형을 주웠습니다. 빨강과 금색 실로 수놓인 인형은 북을 두드리는 소년이었어요. 주인을 찾아 주려 해도 아무 표시가 되어 있지 않아 그렇게 할 수가 없었습니다.

네로는 집에 돌아와 불빛 아래서 그 인형을 꺼내 보았습니다. 그런데 인형이 너무 깜찍스러워 아로아 생각이 간절해졌어요. 그래서 어두워지는 길을 뛰어 아로아의 창가로 가서 눈치를 살폈지요. 용기를 내서 문을 두드리자, 아로아가 반갑게 창문을 열어 주었어요. '이거 주운 건데, 주인을 찾아 줄 길이 없어. 대신 네가 가져⋯.' 그리고 네로는 다시 서둘러 골목을 빠져나왔습니다.

그런데 그날 밤 코제츠 영감네 집에 불이 난 거예요. 다행히 사람들이 불길을 금방 발견하

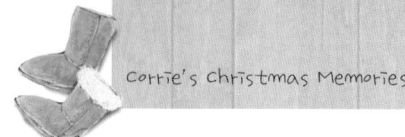

고, 앤트워프의 소방차도 전속력으로 달려와, 불은 곳간의 밀만을 태우고 집과 풍차에는 번지지 않았어요. 그러나 코제츠 영감은 노발대발하며, 어디다 분풀이를 할 데가 없어 씩씩거리고 있었답니다. 그런데 그때 마침 잠자다 말고 불을 끄러 달려온 네로가 코제츠 영감의 눈에 띄었어요. 코제츠 영감은 네로를 이상한 눈으로 노려보면서 말했어요. '너, 어스름 녘에 이 주위를 어슬렁거리는 걸 봤다. 넌 불이 난 까닭을 누구보다 잘 알고 있을 거야…!' 네로는 어안이 벙벙하여 한마디도 대답을 할 수가 없었답니다.

다음 날 아침, 이상한 소문이 온 마을에 파다하게 나돌기 시작했습니다. 네로가 아로아와 사귀지 못하게 된 것에 앙심을 품고 코제츠 영감의 집에 불을 지른 것 같다는 이야기였어요.

아름다운 가정

사람들은 사실 그 소문을 곧이곧대로 믿지는 않았죠. 평소에 네로가 얼마나 착한 아이였는지 잘 알고 있었기 때문이에요. 그러나 그들은 동네에서 최고 부자인 코제츠 영감의 비위를 맞추려고 그것이 사실인양 입방아를 찧어 댔답니다. 그리고 아로아를 며느리로 얻어 덕을 볼 심산으로요.

코제츠 영감이 노골적으로 네로를 미워하며 괄시하자, 마을 사람들조차 네로에게 쌀쌀히 대하기 시작했습니다. 아침에 네로가 우유를 실으러 가도, 사람들이 웃어 주기는커녕 이제는 말도 하지 않는 것이었어요.

마음 따뜻한 코제츠 부인이 참다못해 남편에게 간청을 했습니다. '당신 너무 심한 거 아녜요? 죄 없는 불쌍한 어린 것에게 너무 모질게 대하지 마세요!' 그러나 코제츠 영감은 워낙

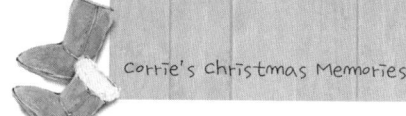

고집이 강한 사람이라 자신이 한 번 입 밖에 낸 것은 절대 주워 담으려 하질 않았죠.

사람들은 이제 더 이상 네로에게 따뜻한 음식이나 빵 같은 것을 건네지 않았어요. 할아버지는 찬바람이 스멀스멀 몰려드는 싸늘한 침상에서 거의 거동도 할 수 없게 되었죠.

엎친 데 덮친 격으로, 읍내에서 어떤 사내가 당나귀 마차를 끌고 와 마을에서 생산되는 우유를 사 가기 시작했어요. 이제 사람들은 돈을 더 받고 직접 그 사람한테 우유를 팔기 시작한 거예요. 그래서 네로에게 우유 배달을 맡기는 집은 몇 곳 남지 않게 되었답니다.

네로와 할아버지는 살림이 더욱더 어려워졌어요. 난로는 아예 피우지도 못하고, 끼니조차 굶는 날이 많게 되었지요. 마을 사람들 대부분은 코제츠 영감의 눈에 벗어나지 않으려고 냉정하게 가슴을 닫고 네로를 외면했습니다."

둘러앉은 우리 청중은 절망에 빠져 한숨만 쉬어 댔다.

"크리스마스가 다가왔습니다. 날씨는 갈수록 추워지고, 몇 뼘도 더 쌓인 눈은 꽁꽁 얼어붙었어요. 그래도 온 마을은 명절 분위기로 들떴죠. 집집마다 우유과자와 사탕, 케이크, 비스킷을 만들고, 집 안에 호화로운 트리를 꾸몄어요. 모두가 좋은 옷에 따뜻한 목도리를 두르고 교회당에 드나들며 즐거워 재잘거렸답니다.

그러나 네로는 은은한 교회당 종소리가 울릴 때 할아버지의 침상 옆에 꿇어 엎드려 할아버지의 차가운 손발을 녹이며 기도를 드리고 있었어요. 파트라슈도 그 곁을 떠나지 않고 이따금 응얼거리곤 했답니다. 그러다가 크리스마스를 바로 앞둔 어느 날, 할아버지는 마지막 숨

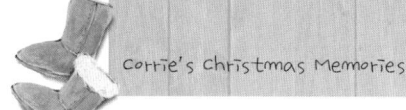

을 거두고는 영원히 하늘나라로 떠나 버렸습니다."

리아스는 누르고 눌러 온 감정을 이제 더는 어떻게 할 수가 없다는 듯 목이 메어 말을 잇지 못하고 있었다. 샤를 또한 자기 방으로 뛰어 들어갔다. 나머지 사람들도 그동안 남몰래 손수건으로 몇 번이나 눈물을 훔쳤는지 모른다.

성탄 이브 이야기 프로그램은 잠시 중단되고 말았다. 얼마가 지났는지, 냉정을 되찾은 리아스가 마지막 이야기를 마저 꺼내려 했다. 나는 샤를의 방으로 들어갔다. 샤를은 자기 침대 옆에 무릎을 꿇고 얼굴을 묻은 채 기도를 드리는 것 같았다. 나는 샤를의 등을 토닥거려 응접실로 데리고 나왔다.

"네로는 밤새 울고 또 울다, 목이 쉬고 완전히 기진해 버렸습니다. 파트라슈도 그 곁에서 울부짖었습니다. 뒤늦게 마을 사람들이 몰려와 보고는 혀를 찼답니다. 사람들은 뒤편 양지바른 언덕에다 할아버지를 묻어 주었어요. 그리고 네로의 등을 두드리며 뭐라고 위로하는 말을 한마디씩 남기고는 다시 오두막을 떠나 버렸지요.

한동안 네로는 할아버지가 없는 텅 빈 오두막에서 너무나 슬프고 외로워 견딜 수가 없었답니다. 밖에서 돌아오면, 할아버지가 웃으며 침대에서 일어나 반겨 맞아 줄 것만 같은데, 한번 떠난 할아버지는 영영 다시 돌아올 줄 몰랐습니다.

그런데 할아버지의 장례를 치른 지 며칠도 안 되어, 신기료장수가 찾아와 마구 화를 내며 네로의 멱살을 잡고 흔들었습니다. 집세를 내라는 것이었어요. 사실 그런 집과 터나마 할아

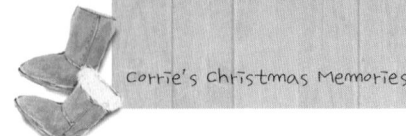

버지의 것이 아니라, 읍내의 신기료장수에게 한 달에 몇 푼씩 세를 내며 빌려 쓰고 있었던 거지요. 그런데 지난 한 달 네로는 당나귀 마차꾼 때문에 형편이 극히 어려워져, 집세를 내지 못하고 말았던 거예요. 게다가 네로는 할아버지 장례에 동전 한 푼까지 모두 털어 썼는데 어떡해요?

네로를 흔들던 신기료장수는 세를 못 내겠으면 있는 살림살이를 몽땅 놔두고 다음 날 다시 올 때까지 집에서 나가라고 윽박지르며, 네로를 구석에다 내동댕이쳤어요.

이제 네로와 파트라슈는 그 작고 허름한 오두막에서조차 더 이상 살 수가 없게 되었습니다. 그동안 너무 정이 든 집인데…. 여름이면 포도 넝쿨이 지붕을 덮고, 붉은 콩 꽃들이 울타리를 감싸 주던 이곳을 이젠 떠나야 한다니….

아름다운 가정

　네로와 파트라슈는 서로 껴안은 채 밤새 가슴으로 슬픔을 나누었습니다. 그리고 어렴풋이 아침 햇살이 오두막 안에 비껴들 무렵, 네로는 겨우 땅을 짚고 일어났습니다. '가자, 파트라슈. 우리 발로 떠나자꾸나. 발길에 채여 쫓겨나기 전에….' 휘청거리며 정든 오두막을 나서 녹색 수레를 지날 때, 놋쇠로 만든 수레 손잡이가 눈 빛에 반짝였어요. 파트라슈는 자꾸 그곳으로 고개를 돌리며 안타까워했습니다. 마지막까지 주인을 위하여 저 수레를 끌다가 쓰러지려 했기 때문일 거예요.
　네로는 앤트워프로 향하고 있었어요. 그때, 그러니까 크리스마스 전날에 네로가 출품한 미술 대회의 심사 및 수상식이 있을 예정이었기 때문이지요. 네로와 파트라슈는 허기져서 조금씩 아주 천천히 걸을 수밖에 없었어요.

네로는 파트라슈가 너무 불쌍해 지나던 어느 집 문을 두드려 보았어요. 뚱뚱한 아줌마가 문을 빠끔 열고 내다봤어요. '죄송합니다. 우리 파트라슈에게 빵 한 조각만 주실 수 없나요? 이 개는 늙은 데다 엊저녁부터 아무것도 먹질 못했어요….' '뭐야? 사람이 먹을 것도 없는데, 개는 무슨 얼어 죽을!' 뚱뚱한 아줌마는 얼마나 성미가 급하고 불같은지, 말도 채 끝내지 않고 문을 '쾅' 닫아 버리고 말았습니다.

다리를 끌다시피 하여 네로와 파트라슈가 앤트워프에 도착했을 때, 10시를 알리는 종소리가 들려왔어요. 미술 대회의 입선자는 12시 정각에 발표하기로 되어 있었죠. 공회당과 계단에 수많은 젊은이가 몰려들어 북적거렸습니다. 네로는 그 사람들 틈에 끼여서 가슴이 두근거리고 정신이 아뜩해 두 시간이 어떻게 지나는지도 몰랐어요.

드디어 정오를 알리는 종이 울렸습니다. 그때 공회당 문도 활짝 열렸습니다. 사람들이 우르르 밀려들어갔어요. 네로도 그 물결에 떠밀려 들어갔죠. 네로는 벽면 위쪽을 살피기 시작했어요. 입상한 작품은 다른 그림들보다 높이 걸려 있었기 때문이에요.

그런데 몇 번을 보고 또 보아도 네로의 그림은 없었습니다. 네로는 그제야 자신이 심사에서 탈락한 것을 알았어요. 정신이 아찔하며 팔다리에 힘이 쭉 빠졌어요. 네로는 고개랑 어깨를 늘어뜨린 채 비틀거리며 대회장을 나와야 했어요. 네로는 파트라슈를 안았습니다. '미안해, 파트라슈! 모든 게 끝났어. 이젠 끝이야.'

마을을 향해 되돌아선 길을 파트라슈도 비틀비틀 뒤쫓아 걷기 시작했습니다. 눈이 한없

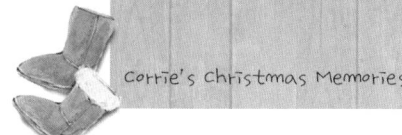

이 쏟아져 내리는 가운데 매서운 북풍마저 몰아쳐, 네로의 헝클어진 머리카락을 날리고, 누더기 하나 걸친 몸에 사정없이 채찍질을 해 댔습니다.

네로와 파트라슈는 평소 수없이 다니던 그 길을 걷기가 너무 힘겨워 네 시간이나 걸려서야 마을 어귀에 닿았습니다. 그때 파트라슈가 길가에서 킁킁거리며 코끝으로 눈을 헤집더니, 두툼한 밤색 남자 지갑을 물고 네로에게로 가져오는 것이었어요. 네로가 지갑을 열어 보니, 그 안엔 2천 프랑이나 되는 큰돈이 들어 있고, 코제츠 영감의 이름이 새겨져 있는 게 아니겠어요?

네로는 퍼뜩 정신이 들었습니다. 네로는 가능한 최고로 빨리 코제츠 영감 댁으로 걸으려고 애썼어요. 그러나 어스름 녘이 되어서야 그

집에 도착할 수 있었어요.

문을 두드리자 코제츠 부인이 반갑게 문을 열었습니다. '어머나, 네로!' 부인은 연민 가득한 눈으로 초췌한 네로를 바라보며 혀를 찼어요. 아로아는 어머니 뒤에서 입을 가린 채 안타까운 눈빛으로 어쩔 줄을 몰라 했고요. 코제츠 부인이 당황스러운 듯 말을 꺼냈습니다. '네로야, 미안하구나! 하지만 우리 바깥양반이 보기 전에 얼른 돌아가거라. 그 양반, 지금 지갑을 통째로 잃어버려 제정신이 아니란다.'

그때 네로가 가지고 있던 지갑을 꺼내 코제츠 부인에게 내밀었습니다. '아주머니, 파트라슈가 눈 속에서 이 지갑을 찾아냈어요.' 그러면서 네로는 얼른 파트라슈를 문 안으로 들여 넣으며 황급히 말했어요. '아저씨께 잘 좀 말씀드려 주세요. 제발 이 늙고 불쌍한 개를 내쫓지

말아 달라고요. 파트라슈가 절 따라오지 못하도록 얼른 문을 닫으세요! 그럼…'

 네로는 비틀비틀 쓰러지며 어둠 속으로 멀어졌습니다. 뒤에서 파트라슈가 짖으며 문을 긁어 대는 소리가 들리자, 마른 눈에 다시 눈물이 핑그르르 돌았습니다. 이제는 파트라슈와도 헤어져야만 하기 때문이었죠.

 코제츠 부인과 아로아는 어리둥절하여 일단 네로의 부탁대로 파트라슈를 붙들어 매 놓았어요. 얼마 있자 코제츠 영감이 힘없이 돌아왔습니다. '아, 틀렸어! 등불을 들고 눈 속을 헤치며 사방을 아무리 둘러봐도 아무 곳에도 없어, 없다고! 이젠 아로아에게 물려 줄 재산이고 뭐고 다 날아갔어. 아아아…'

 코제츠 부인이 두 손으로 머리를 감싸 쥐고 마루에 주저앉은 코제츠 영감에게 말없이 다가

갔습니다. '여보, 그 지갑 여기 있으니, 아무 걱정 마세요! 네로가 파트라슈랑 이걸 찾아왔지 뭐예요.'

순간 코제츠 영감은 무엇에 뒤통수를 크게 얻어맞은 듯 입을 딱 벌리고는 좀체 닫을 수가 없었어요. 공중에 치켜든 손마저 부들부들 떨려 지갑을 만질 수도 없었어요. 그동안 네로에게 한 행동들이 떠오르면서 죄책감과 부끄러움이 한순간에 몰려왔어요. '내가 그동안 너무했어! 이 잘못을 어떻게 빌어야 하지?'

그때 아로아는 큰 용기를 내어 아버지의 두 손을 잡았어요. '아버지, 이젠 네로가 우리 집에 놀러 와도 괜찮죠?' 코제츠 영감은 대답 대신 멍한 눈길을 허공에 던진 채 고개를 끄덕였습니다. 아로아는 뛸 듯이 기뻐하며 아버지의 뺨에 입을 맞추었어요. '어머니, 그럼 오늘은

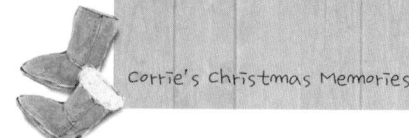

파트라슈에게 맛있는 음식을 많이 줘도 괜찮죠?' 코제츠 부인은 눈물이 글썽이는 눈으로 웃어 주었습니다.

아로아는 파트라슈를 달래고 위로하기 시작했어요. 그러나 파트라슈는 문가로 자꾸 몸을 빼면서 끙끙거릴 뿐 물 한 모금 입에 대려고 하질 않았어요. 눈 속에 쓰러져 죽을 각오로 떠나간 네로의 마음을 아는 것은 오직 파트라슈뿐이었기 때문이죠. 장작이 활활 타오르는 아로아네 응접실은 무척 따뜻하고 아늑했지만, 파트라슈의 두 눈에는 오직 한없는 슬픔만이 차오르고 있었습니다.

어느덧 사람들은 네로의 일을 잊고 크리스마스이브의 즐거움으로 와자지껄 웃기 시작했어요. 주방에서는 성대한 파티가 열리고 있었죠. 그때 밖에서 한 손님이 무심코 현관문을 열고 들어왔습니다. 그 순간 틈만 엿보고 있던 파트라슈는 있는 힘을 다해 밖으로 뛰쳐나갔어요. 그런 힘이 어디서 솟았는지, 줄이 끊기고, 들어오던 사람은 뒤로 엉덩방아를 찧고 말았죠. '파트라슈!' 아로아의 놀라는 소리를 뒤로 하며, 파트라슈는 네로가 멀어진 방향으로 정신없이 달렸어요. '네로!'

유난히도 춥고 매서운 북풍이 몰아치는 그 밤, 가로등도 이미 꺼져 버린 거리와 들을 이리저리 헤매는 한 마리의 개가 있었습니다. 눈에 파묻혀 버린 네로의 발자국을 따라가는 파트라슈였어요. 사람들은 모두 즐거움에 넘쳐 캐럴을 부르고 춤추며, 가축들도 모두 따뜻한 우리로 깃든 그 깊은 밤, 파트라슈는 온 신경을 집중하여 네로의 냄새를 맡고 또 맡기를 수천 번! 마침내 파트라슈는 얼마 전에 찍힌 듯 보이는

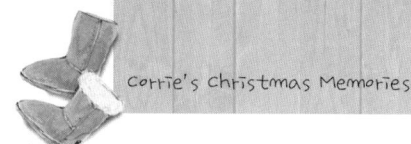

네로의 발자국들을 찾아냈습니다. 그것들은 교회당으로 이어지고 있었어요.

파트라슈는 비틀비틀 힘겹게 옮겨진 발자국들을 따라 교회당 돌층계를 넘어 안으로 들어갔습니다. '아, 네로….' 파트라슈는 설교단 옆에 쓰러져 있는 네로에게로 뛰어가 그 얼굴에 정신없이 코를 비비고 뺨을 핥았습니다. '네로, 이제 우리 절대로 헤어지면 안 돼!'

네로가 어렴풋이 눈을 떴습니다. 파트라슈는 계속해서 눈을 반짝이며 끙끙거리고 있었어요. 둘은 서로 눈이 마주치자 와락 껴안았습니다. 그러면서 네로가 파트라슈의 귀에 대고 속삭였습니다. '우리는 이제 여기서 죽을 거야, 파트라슈! 사람들은 우리를 버렸어. 그러나 봐! 저기 승천하시는 예수님이 우릴 부르시는구나! 할아버지가 간절히 기다리는 곳으로….'

눈은 그치고, 달빛이 환하게 교회당 안으로 비쳐드는데, 웬일인지 루벤스의 그림을 가렸던 휘장이 젖혀져, 거기 그림 속에서 예수님이 두 팔을 벌리고 있었어요. 꼭 끌어안은 네로와 파트라슈의 눈에 마지막 뜨거운 눈물이 피어났습니다. 그러나 감은 그들의 눈은 더 이상 슬프지 않았습니다. 그들은 그 순간 세상에서 가장 행복한 모습으로 잠들고 있었답니다.

성탄의 아침이 밝았습니다. 시끌벅적 화사한 옷으로 차려입은 가족들이 하나둘 교회당 안으로 들어서기 시작했습니다. 신부님들도 예배 준비를 마치고 입장을 했습니다. 그때 사람들이 깜짝 놀라며 설교단 옆 루벤스 그림 밑으로 달려갔습니다. 그곳에는 서로를 꼭 부둥켜안은 채 쓰러져 있는 네로와 파트라슈가 있었습니다. 더 많은 사람들이 웅성웅성 그 주위로

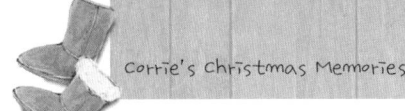

몰려들기 시작했어요.

그때 갑자기 누군가가 무리를 헤치고 뛰어들며 외쳤습니다. '네로! 날 용서해 줘!' 무릎을 꿇은 채 정신없이 네로를 흔들고 있는 사람은 다름 아닌 코제츠 영감이었어요. 코제츠 영감은 충혈된 눈으로 사람들을 돌아보며 중얼거렸습니다.

'여러분, 내가 이 아이에게 몹쓸 짓을 했소! 네로는 이 세상에서 가장 착하고 순결한 아이였다오! 내 이제부터 그 죄를 갚으려 했는데…. 내 사위를 삼아 재산을 나눠 주려 했는데….' 고개를 떨군 코제츠 영감의 눈에서 닭똥 같은 눈물이 마룻바닥에 뚝뚝 떨어지고 있었어요.

그때 뒤이어 어머니와 함께 실내로 들어선 아로아가 황급히 뛰어왔습니다. '네로! 안 돼….' 아로아는 아버지의 팔에 매달려 얼굴을 묻고 흐느끼기 시작했습니다. '널 맞을 준비를 다 해 놨는데…. 아버지가 이젠 우리 집에 놀러 와도 좋다고 그랬어. 네로! 어서 일어나….'

아로아는 목이 메어 더 이상 말을 잇지 못했습니다. 둘러선 사람들은 그 안타까운 광경을 차마 바라볼 수 없어 손수건을 꺼내며 고개를 돌리고 말았답니다.

잠시 무거운 침묵이 흐르고 있었습니다. 그때 누군가 엄숙한 목소리로 정적을 깨뜨렸습니다. '여러분, 이 아이는 천재 화가였소.' 그 자리에는 앤트워프에서 가장 훌륭한 화가인 네르손 씨가 품에 그림 한 장을 들고 서 있었습니다. '내 바쁜 일로 뒤늦게야 미술 대회 출품작들을 보게 되었소. 그 속에서 네로의 그림을 보고 심사위원들에게 당신들도 그림을 그리는 사람들이냐고 막 화를 냈소. 오늘 이 아이를 데려

Corrie's Christmas Memories

다 위대한 화가로 키우려 했건만, 이렇게….'

사람들의 가슴은 더욱 메어졌습니다. 평소 네로에게 따뜻한 사랑을 나눠 주지 못한 것을 그제야 뼈저리게 느끼며 후회했던 것입니다. 그러나 이미 모든 것이 늦어 버렸어요. 네로도 파트라슈도 할아버지도 더 이상 그들 곁에 머물러 있지 않았기 때문이에요.

그러나 사람들은 그들이 함께 어디로 떠났는지 알 것 같았어요. 네로와 파트라슈는 서로를 부둥켜안은 채 승천하시는 예수님을 바라보며 웃는 얼굴로 쓰러져 있었으니까요. 게다가 그들의 얼굴은 너무나 행복해 보였답니다. 그러나 그 이유를 아는 사람은 아무도 없었어요.

성탄절 아침 예배를 알리는 종소리는 아름답게 온 마을에 울려 퍼지고 있었습니다."

리아스의 이야기가 끝났다. 거실 여기저기

서 한없는 감동의 박수 소리가 들렸다. 모든 가족들의 얼굴이 엄숙했다.

'리아스, 넌 아마 세상에서 가장 이야기를 잘하는 소녀일 거야!'

나는 속으로 감탄을 했다.

이제 창은 완전히 어둠으로 짙게 물들어 버렸다. 가족들은 배고픈 줄도 모르고 리아스가 전해 준 감동의 여운을 삭이느라 좀체 안정을 찾을 수가 없었다. 잠시 후 필립 씨가 먼저 입을 열었다.

"자, 우리 어서 레오폴트가 준비한 이야기를 마저 들은 다음에 바로 파티를 열도록 합시다! 레오폴트!"

필립 씨의 눈짓에 레오폴트가 헛기침을 하며 앞으로 나갔다.

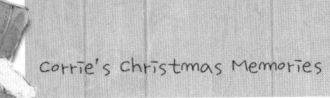

"전 동생들처럼 이야기를 잘할 줄도 모르고, 다행히 밤도 깊었으니, 되도록 짧게 전체 줄거리만 말씀을 드리겠습니다."

올해 고등학교 2학년인 레오폴트는 키가 거의 아버지만큼이나 자라 씩씩하고 매우 듬직해 보였다.

"폴란드, 어느 작은 마을에 마틴 아브제이치라는 제화공이 살고 있었답니다. 그는 창문이 하나밖에 없는 허름한 지하실에 세를 들어 살고 있었죠. 창문은 길가로 나 있어, 마틴은 지나가는 구두만 보고도 그 사람이 누군지 훤히 알 수 있었어요. 그는 마을에서 오랜 세월을 살아오면서 거의 모든 사람들의 신발을 손수 만들고 수선도 해 주었으니까요. 큰 돈벌이는 못 되었지만 가게에는 일감이 끊이지 않았습니다. 워낙 마틴이 성실하고 저렴하게 신발을 만져 주었기 때문이죠. 마틴은 그저 단순하고 소박한 노인이었습니다.

그런데 나이가 많아질수록 점점 하나님과의 영적인 문제에 관심이 쏠리는 것이었습니다. 젊었을 때는 그렇질 못했답니다. 전쟁이 끝난 후 고향에 돌아와 보니, 처음 낳은 딸들이 어린 나이에 죽었고, 몇 년 안 되어 아내까지 병사했어요. 그뿐인 줄 아세요? 오직 한 가지 희망을 걸고 손수 키우던 외아들마저 열병으로 그를 떠나갔답니다.

마틴은 완전히 공허와 허탈감에 빠져 버렸습니다. 밤마다 하나님을 원망하며 차라리 죽게 해 달라고 몸부림쳤어요. 신이 살아 있다면, 왜 늙어 가는 자신은 놔두고 죄 없는 어린 생명들을 시들게 하느냐는 것이었지요. 그는 날마다 술을 마시며 교회에 발길을 끊었습니다. 그

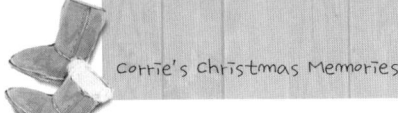

에게 있는 것이라곤 겨울바람에 너덜거리는 쓰라림과 허무뿐이었어요. 그는 완전한 절망 속에서 하루하루 죽을 길만을 찾고 있었지요.

그러던 어느 가을날, 한 노인이 그 고장의 성지로 순례를 하러 왔다가 마틴의 집에서 하루를 묵게 되었습니다. 노인은 깊은 수렁 속에서 만신창이가 되어 허우적거리는 마틴을 몇 가지 간곡한 말로 위로하고는 밤새 그를 위해 기도를 올렸습니다. 그리고 아침에 길을 떠나기 전에 자신의 손때 묻은 검은 가죽 책 한 권을 마틴에게 내밀었답니다.

'형제, 하나님이 누구이고, 인생들을 향한 그의 뜻이 무엇인지, 이 책에 모든 답이 있네. 부디 성실한 농부가 땅을 일구듯, 깊이 이 책을 읽어 빛과 생명을 발견하시게!'

마틴은 오랫동안 그 책을 먼지 쌓인 탁자 한

아름다운 가정

구석에 던져 놓은 채 거들떠보지도 않았습니다. 그런데 자꾸 그 늙은 순례자의 평안한 얼굴이 눈에 선하고, 그가 남긴 말들이 귓가를 울리는 것이었어요. 어느 잠 못 이루는 밤, 마틴은 등불을 밝히고 그 책을 펼쳐 보았습니다.

그 책은 옛날 유대 땅 베들레헴에서 태어난 예수님의 이야기로 시작되고 있는 성경책이었습니다. 마틴은 젊었을 때 교회당에 나가 예배에 참석한 적은 있지만, 이렇게 성경을 직접 읽게 된 것은 처음이었습니다.

밤이 깊었습니다. 모두들 잠이 들고 귀뚜라미만 울어 대고 있었습니다. 그런데 웬일인지, 마틴은 등불의 기름이 다 떨어지고 있는데도 그 책을 덮지 못하고 한 장 한 장 심각하게 읽고 있었답니다.

그는 매일 밤늦게까지 등불을 밝히고 성경

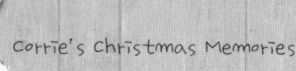

책을 읽었습니다. 그런데 이상한 일이었어요. 어느 사이엔가 마틴의 마음에 자리한 검은 절망과 죽음 같은 허무, 쓰라린 한숨이 사라져 버렸습니다. 이제 그런 것들을 부여잡고 술에 취해 자기연민으로 위로를 삼았던 삶의 습관으로 돌아가려야 돌아갈 길이 없어진 거예요.

그래요! 그는 비로소 예수님의 사랑과 자기 희생 그리고 부활의 승리를 알게 되었습니다. 늙은 순례자의 말대로 마틴은 빛을 보고 생명을 얻게 된 것입니다! 그리고 그의 삶에는 또 다른 변화가 일어났습니다. 언제부터인가 그는 삶의 의욕과 성실함을 회복하여 종일 땀 흘려 일하기 시작했습니다. 자신의 인생 가운데에서 하나님이 정하신 무한한 의미를 느꼈기 때문이지요."

오랜만에 청중들의 안색이 밝게 피어나는

것 같았다. 어린 샤를도 열심히 고개를 끄덕였다. 밤이 깊었는지, 이따금 벽난로에서 장작 타는 소리만 레오폴트의 이야기 속에 뒤섞이고 있었다.

"그렇게 하루하루 감사 속에서 살아온 삶도 오랜 세월의 뒤안길로 묻히고, 마틴은 어느덧 머리카락이 허연 노인이 되었습니다. 그날도 고된 하루 일을 마친 마틴은 마른 보리빵과 수프로 저녁을 먹은 후, 탁자에 호롱불을 밝히고 성경책을 펼쳤습니다.

> 네게 구하는 자에게 주며 네 것을 가져가는 자에게 다시 달라 하지 말며 남에게 대접을 받고자 하는 대로 너희도 남을 대접하라

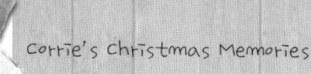

마틴은 가슴에 손을 얹고 깊이 자신의 행동을 돌아보았습니다. '나는 이웃을 위해 무엇을 했는가?' 아무리 생각해 보아도 선한 도움을 많이 주지 못한 것 같아 부끄러웠습니다.

박사들이 … 집에 들어가 아기와 그 모친 마리아의 함께 있는 것을 보고 엎드려 아기께 경배하고 보배합을 열어 황금과 유향과 몰약을 예물로 드리니라

그 여자를 돌아보시며 시몬에게 이르시되 이 여자를 보느냐 내가 네 집에 들어올 때 너는 내게 발 씻을 물도 주지 아니하였으되 이 여자는 눈물로 내 발을 적시고 그 머리털로 닦았으며 너는 내게 입맞추지 아니하였으되 그는 내가 들어올 때로부터 내 발에 입맞추기를 그치지 아니하였으며

> 너는 내 머리에 감람유도 붓지 아니하였
> 으되 그는 향유를 내 발에 부었느니라

마틴은 안타까워 가슴을 두드렸습니다. '황금이 다 뭐야? 난 예수님께 발 씻을 물도 드리지 못했고, 그 발에 입도 맞춰 드리지 않았으며, 머리에 감람유조차 붓지 못했구나! 아, 주님은 나에게 당신의 생명을 모두 주셨건만…'

마틴은 그날 밤 이리저리 방 안을 오가며 늦게까지 잠을 이루지 못했답니다. 그는 팔에 얼굴을 괴고 생각에 빠져 있다가 얼핏 잠이 들었습니다. 그런데 갑자기 누군가 등 뒤에서 자신의 이름을 부르는 소리가 들렸습니다. '마틴!' 마틴은 깜짝 놀라 뒤를 돌아보았습니다. 거기엔 아무도 없었습니다. 그러나 또 다시 또렷한 목소리가 들려왔습니다. '마틴! 내일 창 너머 한

길을 내다보아라. 저 길을 걸어 내가 오리라!'

마틴은 고개를 들었습니다. 눈을 비비며 보니, 여전히 호롱불만 아물거리고 있었습니다. '내가 꿈을 꿨나?' 마틴은 연신 고개를 갸우뚱거리며 침대에 올라가 잠을 청했습니다.

다음 날 먼동이 틀 무렵, 마틴은 자리에서 일어나 기도를 올리고, 난로에 불을 피웠습니다. 그리고 감자를 몇 개 삶고 보리 수프를 끓이면서 지난밤에 일어났던 일을 다시 생각해 보았습니다. '만약 정말로 예수님이 오신다면 무얼 해 드려야 하나? 아, 이거 오셔도 큰일이네! 난 가난해서 아무것도 드릴 게 없으니….'

마틴은 이래도 고민 저래도 고민, 조바심이 나서 방 안을 서성거렸어요. '아냐! 주님이 나 같이 부족한 것을 찾아 주신다는 것은 세상에서 가장 큰 복이야! 오시면 분유로 따끈한 차를

아름다운 가정

끓여 보리빵과 감자, 보리 수프와 함께 차려 드리고, 선반 위에 모셔 둔 저 신발 한 켤레, 오! 나의 불후의 작품을 선물로 드려야지!'

마틴은 신이 나서 예수님을 기다리기 시작했답니다. '창문 밖을 잘 보라고 그랬지!' 이윽고 창밖이 훤히 밝기 시작했어요. 언제부터 내렸는지, 펑펑 쏟아지는 함박눈에 온 세상이 하얗게 덮여 있었어요. 그때 발자국 소리가 들려왔어요. 그는 긴장하여 창밖 길 위를 지나는 구두들을 유심히 살폈지요. '아, 저건 주택 관리인의 신발이고, 저건 니콜라이의 장화고, 또 저것은 길 건너 사는 조안나의 구두….'

예수님 신발일 성싶은 것은 보이질 않았어요. 그러고 보니 그날은 오늘과 같은 크리스마스 전날이었어요. 사람들은 오손도손 가족끼리 행복한 시간들을 보내는 중이었습니다. 그러나

Corrie's Christmas Memories

혼자 사는 마틴은 명절 때면 더욱 쓸쓸해 보였어요.

'서걱 썩, 서걱 썩…' 그때 창밖에서 이상한 소리가 들려왔습니다. '아, 예수님이 오시는가 보다!' 마틴은 반갑게 창문으로 달려가 코를 바짝 붙였답니다. 그러나 그 소리는 주택 관리인이 인정상 받아들여 먹여 주는 스체파누이치라는 노병사가 길에 쌓인 눈을 치우는 소리였어요.

'아이고, 나도 이제 늙어 망령이 났나 보다.' 마틴은 자리로 돌아와 멋쩍게 머리를 긁적였죠. 그러다가 갑자기 출입문 쪽으로 달려가 문을 열고 소리쳤어요. '어이, 군인 양반! 추운데 잠깐 이리 들어오슈!'

낡은 군복을 입은 스체파누이치가 눈 묻은 신발을 탁탁 털며 들어섰습니다. 그도 이제 너무 나이를 먹어 눈 치우는 일조차 힘겨운 모양이었습니다. '가만 있자, 뭘 대접하지?' 마틴이 중얼거렸습니다. '옳지! 주전자에 물이 끓고 있으니, 분유 차나 한 잔 타 줘야겠군.'

늙은 군인은 마틴이 건네준 큼직한 찻잔을 후후 불며 차를 마시기 시작했습니다. '어이구, 좋다! 고마우이, 영감! 아, 이젠 나도 다 늙었어! 이렇게 뼈마디가 시리고 쑤시니…' 한 잔 더 하라고 따라 주는 차를 받아 드는 스체파누이치의 눈에 눈물이 글썽이고 있었어요. 지난날 숱한 고생과 역경이 따듯한 찻물에 녹아내려서였을까요?

노 병사는 새로 원기를 회복하여 나가고, 마틴은 맡겨진 구두 뒤축을 손보러 자리로 돌아갔습니다. 일을 하면서도 마틴은 연신 창문을 흘끔흘끔 쳐다보며 지나가는 사람들을 하나도

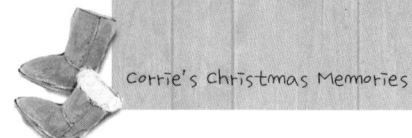

놓치지 않고 확인하고 있었습니다.

'저건 파출소장, 에- 저건 푸줏간 주인, 그리고 저것은 빵집 아가씨 레이니…. 어?' 마틴은 다시 창가로 달려갔습니다. 못 보던 다 떨어진 검정 고무신이 지나가고 있었기 때문이죠. 누더기를 걸친 한 여자가 눈보라에 떨며 우는 갓난애를 어르고 있었습니다. 마틴은 문을 열고 소리쳤어요. '부인, 날도 추운데 아기랑 잠깐 들어와 불 좀 쬐시구랴!'

여자가 아기를 안고 들어와 몸을 녹이려고 난롯가로 다가왔어요. '아기가 젖을 달라고 우는 게요!' 마틴이 창가에서 다시 구두를 만지며 한마디했죠. 그러자 여자가 한숨을 쉬며 말했어요. '먹은 게 없어서 젖이 안 나와요.'

마틴은 안경 너머로 아기를 보다가 갑자기 무슨 생각이 났는지, 일어서서 조그만 나무 찬

장으로 다가갔습니다. 그리고 얼른 데운 보리 수프와 보리빵을 난롯가 탁자에 차렸어요. '이거라도 좀 자시고 아기에게 젖을 물려 보우!'

여자의 눈가에 눈물이 핑그르르 돌았습니다. 여자는 며칠을 굶은 양 맛있게 빵을 먹고는 수프 접시마저 비웠어요. '에고, 여기 좀 더 들어요.' 마틴은 남은 수프를 마저 긁어 접시에 담아다 여자 앞에 놓았습니다. 여자가 사양하지 않고 그 접시를 깨끗이 비우는 사이, 아기는 울다가 따듯한 등 뒤에서 쌔근쌔근 잠이 들었지 뭐예요.

여자는 연신 몸을 굽혀 인사를 하고는 밖으로 향했습니다. 마틴은 얼른 자신의 낡고 허름한 외투 속에 20까뻬이카를 넣어 그것을 여자의 등에 업혀 잠든 아기에게 씌워 주었습니다.

마틴은 예수님을 기다리느라 조반 먹는 것

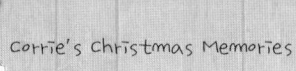

도 잊은 채 창가에서 일을 계속했습니다. 그러면서 창밖을 계속 흘끔거렸습니다. 그러나 이따금 지나는 신발들은 모두 잘 아는 사람들의 것이었어요.

오후가 다 가고 있을 무렵이었습니다. 맞은편 담 벽에 낯선 신발이 서성거렸어요. 내다보니, 웬 노파가 사과 광주리를 내려놓고 나무 조각을 주워 담은 자루를 추스르고 있었어요. 그때 골목에서 어떤 소년 하나가 슬금슬금 다가와 재빨리 노파의 광주리에서 사과를 하나 집어 가지고 도망치려 하는 것이었습니다. 그러나 너무 급히 내달리는 바람에 아이는 눈 위에 미끄러져 뒹굴고, 노파는 아이의 머리카락을 움켜쥐었어요.

마틴이 출입문을 열 때는 이미 소년의 비명 소리와 노파의 욕설이 뒤섞이고 있었습니다.

'머리 좀 놔요, 할머니! 난 훔치려고 한 게 아녜요!' '뭐여, 이놈아? 너 같은 녀석은 경찰서에 넘겨 감옥에 보내야 해!'

마틴은 눈 위에 넘어져 씨름하는 두 사람에게 다가가 그들을 말렸어요. '할머니, 철없는 어린아이니 우리 주님의 사랑으로 용서해 줍시다! 그리고 너, 이 녀석! 할머니께 잘못했다고 빌어라! 나도 다 봤어.'

그러자 작은 소년이 울음을 터뜨리는 것이었어요. '애야, 다음부터 그러면 못쓴다! 에고, 어린 것이 얼마나 사과가 먹고 싶었으면…' 마틴은 한 팔로 소년을 안고 토닥였습니다. '할머니, 이 사과 얼마요? 내 돈을 드리고 이 녀석에게 사과를 사 주면 안 되겠소?'

그제야 노파의 얼굴에 노여움이 풀어지는 것이었습니다. '아녜요, 영감님! 사실은 나도 요만한 손자 놈이 있지요. 내가 너무 심했나 봐요.' 노파는 광주리에서 사과 둘을 집어 소년에게 안겨 주고는 나무 조각 자루를 다시 짊어지고 있었어요. 그때 소년은 얼른 사과를 양쪽 주머니에 넣고는 눈물을 훔친 후, 웃으면서 할머니의 자루를 붙들었습니다. '할머니, 이거 제가 들어다 드릴게요!'

손을 흔들며 골목길을 돌아가는 두 사람의 뒷모습을 지켜보는 마틴의 입가에 흐뭇한 미소가 번져나고 있었습니다.

마틴은 가게로 되돌아오면서 황급히 서둘러 나가다 떨어뜨린 안경을 집어 들었습니다. 밖은 벌써 어두워지고, 이젠 누가 지나간다 해도 그 사람의 신발을 알아보기가 어렵게 돼 버렸습니다.

마틴은 호롱불을 밝혀 놓고 남은 한쪽 신발

수리를 마무리하며 혹시나 하고 창밖에 귀를 기울였어요. 그러나 이제 밖은 완전히 어두워졌고, 사람들은 모두 집 안에서 단란한 시간을 보내는지, 거리는 조용하기만 했습니다. 마틴은 연장을 정리하고, 탁자에 성경을 올려놓았습니다. 그리고 지난밤에 보았던 말씀을 다시 보려고 책을 펼쳤어요.

그때였어요. 뒤에서 누가 그의 이름을 불렀답니다. '마틴!' 마틴은 얼른 침침한 출입문 쪽을 돌아보았어요. '마틴, 내가 왔단다.' 그곳에서 스체파누이치가 빙긋 웃고는 어둠 속으로 사라졌어요.

마틴은 눈을 비비고 탁자로 돌아서면서 헛것을 봤나 보다고 생각했습니다. 그런데 다시 누가 그를 부르고 있었어요. '마틴!' 마틴은 다시 돌아보았죠. 거기에는 어린 아기를 안은 여

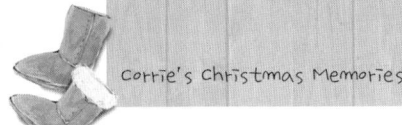

자가 웃으며 나타났다가는 다시 멀어졌어요.

마틴은 머리를 흔들었어요. '내가 왜 이럴까?' 그는 다시 탁자 위의 성경으로 눈길을 돌렸습니다. 그러나 또 다시 누가 자신을 부르는 소리가 귓가에 또렷이 들려왔습니다. '마틴!' 마틴이 다시 돌아보았을 때, 이번엔 어린 소년과 그 소년의 손을 잡은 노파가 나타났습니다. '내가 온다고 했잖느냐!' 그리고 그들도 웃으며 멀어졌습니다.

순간 마틴의 마음속에 무엇인가 깨달음이 번뜩였어요. 펼친 성경에 그의 눈길이 쏠리고 있는 구절의 말씀은 새로운 것이었습니다.

> 내가 주릴 때에 너희가 먹을 것을 주었고
> 목마를 때에 마시게 하였고 나그네 되었
> 을 때에 영접하였고 헐벗었을 때에 옷을

입혔고…

주여 우리가 어느 때에 주께서 주리신 것을 보고 음식을 대접하였으며 목마르신 것을 보고 마시게 하였나이까 어느 때에 나그네 되신 것을 보고 영접하였으며 헐벗으신 것을 보고 옷 입혔나이까 어느 때에 병드신 것이나 옥에 갇히신 것을 보고 가서 뵈었나이까 하리니 … 너희가 여기 내 형제 중에 지극히 작은 자 하나에게 한 것이 곧 내게 한 것이니라

마틴은 그 자리에 무릎을 꿇고 성탄절 이브에 자신을 찾아 주신 주님께 한없는 감사의 기도를 올리고 있었습니다."

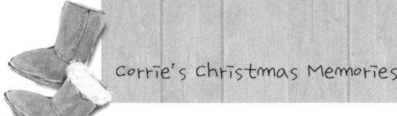

　　레오폴트의 이야기를 듣고 있던 우리들은 모두 그 자리에서 일어섰다. 우리는 레오폴트에게 기꺼이 기립박수를 보내고 있었다.

　"아이고, 이야기를 너무나 생생하게 표현해서 식사 때가 지난 것도 잊었네! 코리 아줌마, 많이 시장하시죠? 어서 주방으로 가십시다!"

　필립 씨가 말했다.

　"아니에요! 저 역시 이야기에 푹 빠져 밤새도록 배고픈 줄 모르겠는데요! 하하…."

　샤를과 리아스가 내 팔을 잡아끌었다. 우리 일행이 우르르 몰려간 주방 식탁에는 이미 필립 부인이 준비해 놓은 갖가지 음식들이 푸짐하게 차려져 있었다.

　식탁 가운데 꽃바구니를 중심으로 오렌지를 비롯하여 울긋불긋한 과일들과 빨간 체리들로 장식한 하얀 케이크, 투명한 자줏빛 푸딩과

젤리, 홍갈색으로 구워 군침이 도는 도넛 그리고 구수한 바다가재와 뽀얀 수프…. 필립 부인이 얼마나 정성들여 만들었는지, 다채로운 빛깔로 어우러진 식탁은 차마 먹어치우기가 아까울 정도였다.

우리는 음식을 하나하나 맛보면서 연신 감탄사를 발하며 즐거운 수다를 떨었다. 누가 준 선물은 어디가 어떻다는 둥, 내년에는 무엇을 받았으면 좋겠다는 둥, 오늘 누구의 이야기는 어떻고 어땠으며, 누구누구는 몇 번을 울었다는 둥….

나는 필립 씨의 집에 들어서는 순간부터 그 집의 분위기는 물론, 식구들의 매너와 집안 인테리어 하나하나에까지 놀라고 감탄하고 있었다. 그리고 그 속에 한 가족처럼 끼어 모든 것들을 깊이 음미해 보았다. 실로 평범해 보이는

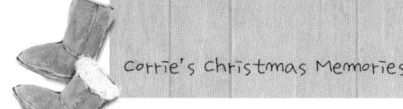

 그 가정은 신실한 믿음의 가장과 현숙한 부인, 순결하고 정서가 풍부한 아이들로 인하여 이미 천국과 같은 세계를 이루고 있었다고 해도 과한 표현이 아닐 것이다.

 트리가 촛불에 반짝이고, 꽃과 과일 향기가 은은하며, 사랑과 온정이 가득 찬 그 밤, 우리의 식탁에서는 연신 까르르 웃음꽃이 피고, 창밖에는 주님의 복이 내리는 듯 함박눈이 소리 없이 쌓이고 있었다.

크리스마스 이야기

☆

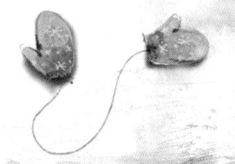

 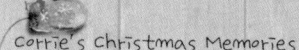

다음 날 아침. 눈은 그치고 온누리에 햇살이 눈부시게 비쳤다. 눈에 덮인 순백의 세계. 마을 교회당 종소리가 성탄 아침을 알렸다.

우리는 간단히 아침 식사를 마친 후, 교회에서 있을 오전 예배를 드리러 일찌감치 집을 나섰다. 차가 푹푹 빠지는 눈길을 천천히 미끄러져 가는 동안 좌우에 둘러선 나무들의 잔가지에서 눈가루가 부스스 떨어져 내렸다.

"메리 크리스마스!"

"메리 크리스마스!"

교회당에 들어서는 마을 사람들이 밝게 웃으며 인사를 주고받았다. 본당으로 들어서니, 벌써 성가대석에서는 성가대원들이 피아노와

현악기들을 조율하고 있었다. 맞은편에서는 다양하게 치장한 꼬마 배우들이 발표할 연극을 마지막으로 점검해 보고 있었다.

필립 씨 내외가 나를 목사실로 안내했다. 담임목사가 두 손으로 반갑게 내 손을 쥐고 흔들며 성탄 메시지를 부탁했다. 필립 씨가 미리 귀띔을 한 터라, 나는 미리 비장의 무엇인가를 준비해 갔으므로 그 청에 쾌히 승낙을 했다.

1부 예배는 간략하게 드려졌다. 그리고 2부 순서로 아이들이 준비한 성극 발표회가 이어졌다. 휘장이 걷히면서 귀여운 마리아와 수염을 붙인 꼬마 요셉이 종이 당나귀를 끌고 어디론가 향하고 있었다. 한쪽 구석에서는 박사님처럼 안경과 학사모를 쓴 내레이터가 대본을 읽기 시작했다.

☆ ☆ ☆

내레이터: 당시 이스라엘을 비롯한 모든 로마령에는 카이사르 아우구스투스(Caesar Augustus: 로마의 초대 황제. 본명은 가이우스 옥타비아누스-옮긴이)의 엄중한 포고령이 내렸습니다. 천하 모든 사람들은 각자 태어난 고향으로 돌아가 그곳 관청에 등록을 하라는 것이었어요. 요셉 역시 그동안 살고 있던 갈릴리 나사렛이라는 동네를 떠나 유대 땅 다윗의 도시, 곧 베들레헴이라는 곳으로 향했죠. 그는 다윗 왕의 후손이었기 때문이에요.

아! 그러고 보니 요셉 곁에 웬 여인이 나귀를 타고 있군요. 아니 그녀는 누구죠? 네? 아아, 요셉의 아내라고요? 어머머…. 그런데 배가 왜 저렇게 크죠? 살이 너무 쪘나요? 아이, 웃지들 마세요. 예? 네에…. 그랬군요! 옛날 수많은 이스라엘의 예언자들이 말해 오던 대로네요.

> 보라 처녀가 잉태하여 아들을 낳을 것이
> 요 그의 이름은 임마누엘이라 하리라

가브리엘 천사라고요? 그가 꿈에 저 마리아에게 나타나 "네가 성령으로 잉태하리라"고 알려 줬군요. 아! 그래서 임마누엘(Immanuel: 우리와 함께 계시는 하나님, God with Us-옮긴이)이라 하는군요. 어이구! 그러고 보니 굉장히 성스럽고 거룩한 사람들이네요! 어휴, 제 가슴이 떨려 잘 얘기도 못하겠어요.
그런데 요셉이 안절부절 못하고 있네요. 요셉의 얼굴 좀 보세요.
마리아: 무슨 일이에요, 요셉?

요셉: 마리아! 그대가 해산할 기한이 차서 몸이 남산만 한데, 어떻게 베들레헴까지 갈 수 있을지 걱정이 태산이오! 그런데 그대는 그렇게 태연하기만 하니….

마리아: 요셉, 아무 걱정 마세요! 제 배 속에 있는 아기는 우리 하나님으로부터 왔답니다. 주께서 우리와 함께 계세요! 그런데 무얼 걱정할 게 있겠어요?

내레이터: 유대 땅으로 가는 사람들의 행렬이 끝없이 이어지고 있습니다. 그런데 다른 사람들은 모두 걸음이 빠르군요. 요셉 일행은 계속 뒤로 처지는데요? 어휴, 저러다 제일 꼴찌로 도착하겠네요.

요셉: 마리아, 힘들더라도 조금만 참아요. 저기 멀리 큰 언덕만 넘으면, 다윗의 도시가 보일 거요.

마리아: 사람들은 다들 먼저 가 버렸군요, 요셉! 등록할 날짜가 내일인데, 벌써 노상에서 하룻밤을 지냈으니, 오늘 저녁까지는 베들레헴에 도착해야겠네요.

요셉: 그렇소. 어서 출발합시다.

내레이터: 요셉이 나귀를 끌고 앞장서는군요. 언덕이 몹시 가파르네요. 마리아랑 요셉이랑 나귀, 다들 힘든가 봐요. 조금만 더 힘들을 내세요! 조금만 더…. 네, 언덕 위예요. 아, 저 아래 드넓게 펼쳐진 곳이 어디인가요?

요셉: 마리아, 보오! 우리 선조 위대한 다윗의 성이오! 이제 저 아래 강을 따라 들을 조금만 돌아가면 될 거요.

마리아: 다시 이곳에 오게 되어 기뻐요, 요셉!

내레이터: 베들레헴은 그리 변화하지 않은 마을인데, 오늘은 굉장히 사람들로 북적거리는군

Corrie's Christmas Memories

요. 어? 요셉 일행은 마을에 다 도착하고서 왜 이 골목 저 골목을 헤매고 있죠? 혹시 길을 못 찾는 건가요? 벌써 날이 어둑어둑해지고, 찬바람만 몰아치는데요….

요셉: 어허, 이거 큰일이구려! 여관마다 다 만원이라고 받아 주질 않으니…. 이 추운데 밖에서 지새울 수도 없고, 나야 괜찮지만, 산모와 아기가…. 아이고, 하나님 제발…!

내레이터: 울상이 돼서 발을 동동 구르는 요셉 좀 보세요. 너무 안됐군요. 어떡하죠?

마리아: 요셉, 마을 귀퉁이에 있는 여관엔 아직 안 갔잖아요. 마지막으로 그곳에 한번 가 보아요.

요셉: 그래요! 그 수밖에 없겠소. 그리로 가 봅시다.

내레이터: 요셉이 변두리 싸구려 여인숙 같은

집 대문을 쾅쾅 두드리고 있군요. 누가 나오는데요?

여관 주인: 아, 우린 남는 방이 하나도 없소! 지금 우리 식구 자는 방까지 꽉꽉 들어찼다니까요! 어디 딴 데로 가 보슈.

내레이터: 냉정하게 문을 닫는데 요셉이 매달리는군요.

요셉: 주인 양반, 제발 빕니다! 어디 바람 막는 구석이라도 좋으니, 이 추위에 우리 산모 좀 어디 기대앉게 해 주시오! 여관이란 여관은 모두가 봤다니까요, 제발….

내레이터: 여관 주인이 울상이 되어 싹싹 비는 요셉과 남산만큼 배가 부른 마리아를 번갈아 쳐다보고 있죠? 무슨 생각을 하나 봐요.

여관 주인: 정 그렇다면, 딱 한 군데 있긴 있소이다만….

Corrie's Christmas Memories

요셉: 어이구, 감사합니다! 이 은혜를….

여관 주인: 감사 같은 것은 하지 마시우. 우리에게 빈 공간은 마구간 한 곳뿐이니….

내레이터: 요셉의 얼굴에 난처한 빛이 스치네요. 그리고 마리아를 돌아보는데요.

마리아: ….

내레이터: 마리아가 살짝 웃으며 고개를 끄덕이는군요.

내레이터: 마구간이네요. 주인이 밀짚을 많이도 깔아 놓았군요. 큰 말이 세 마리고요, 어린 망아지도 하나 있어요. 그런데 요셉과 마리아는 여물통 주위에서 뭘 하는 거죠? 무릎을 꿇고 두 손을 모아 머리를 숙이고 있는데요. 어? 여

물통 안에 아기가 있어요! 아기가 방글거리고 있어요!

요셉: 오, 하나님이시여! 찬양과 영광을 돌리나이다! 이 아기에게 복을 주시고, 저희에게 한없는 은혜와 온 땅에 큰 자비를 내리심을 감사합니다.

내레이터: 베들레헴 마을 드넓은 언덕. 별빛이 초롱초롱 내리는 새벽. 양들이 무리 지어 웅크리고 있군요. 양치기들도 있는데요. 저들은 밤새 잠도 안 자고 양들을 지키나 봐요.
앗! 저기 저들 위에 하늘을 보세요! 하얀 빛이 둘리고 있어요! 하늘에서 합창 소리가 울리고 있어요! 아, 천사들이 내려오고 있네요!

천사들: 지극히 높은 곳에서는 하나님께 영광이요, 땅에서는 하나님이 기뻐하신 사람들 중에 평화로다.

내레이터: 양치기들이 땅에 엎드려 두려워하며 떨고 있어요!

천사들: 무서워하지 말라. 보라, 내가 온 백성에게 미칠 큰 기쁨의 좋은 소식을 너희에게 전하노라. 오늘 다윗의 동네에 너희를 위하여 구주가 나셨으니, 곧 그리스도 주시니라. 너희가 가서 강보에 싸여 구유에 뉘어 있는 아기를 보리니.

☆

내레이터: 양치기들이 기뻐 뛰며 마을 여관, 그 마구간으로 들어서고 있어요. 그들은 여물통에

누워 잠든 아기 예수께 넙죽 경배부터 올리고는 놀라는 요셉과 마리아에게 자초지종을 말하고 있군요. 그리고 그들은 다시 아기 예수를 둘러싸고 감격하여 하나님께 찬미의 노래를 부르고 있네요.

양치기들: 아기 구주님과 부모님께 하나님의 가호와 복이 함께하소서!

내레이터: 양치기들이 하나님의 성호를 부르며 다시 들로 떠나는군요.

마리아: 오, 요셉! 아기가 태어난 것을 우리만 아는 게 아니었군요! 벌써 천사들도 알고, 양치기들도 알고 있었어요.

요셉: 그래요! 역시 그대 믿음대로 하나님께서 모든 것을 예비하고 계시는 게요!

내레이터: 아침이 밝아 오고 있어요. 동쪽 하늘이 은빛으로 빛나는군요. 그런데 저 안쪽 여관

Corrie's Christmas Memories

들에서는 아직 사람들의 기척이 없네요. 모두들 여행길에 피곤한가 봐요. 말들과 망아지들만 부스스 일어나 건초를 먹고 있죠?

☆

내레이터: 오늘은 관청에 등록하는 날이에요. 요셉은 또 미리 그 일을 위한 준비를 다 하고 있군요. 등록을 마치고 관청에서 돌아오니, 벌써 오후가 되었습니다. 요셉이 산모를 위하여 따끈한 음식을 준비해 오는군요.

요셉: 마리아, 입에 맞지 않더라도 많이 좀 들어요. 어서 날씨가 좀 풀려야 돌아가는 길이 수월할 텐데….

마리아: 요셉은 왜 안 잡수세요? 이거 같이 나눠서….

내레이터: 마리아가 수프 그릇을 요셉에게 내미네요.

요셉: 아니오. 난 저기 마른 귀리 빵이 있어요. 참, 내 정신 좀 봐! 아까 양젖을 좀 얻어 온 게 있었지….

내레이터: 요셉이 양젖을 따라 마리아에게 주는군요. 마리아가 웃네요. 행복한가 보죠? 참, 아기는 무얼 하고 있을까요? 네, 부모님 옆 구유에 누워 있군요. 어? 잠을 깼는데요! 그런데 울지를 않네요. 고사리 같은 손을 흔들면서 웃는 모습 좀 보세요. 마구간 밖에서는 차가운 겨울바람이 쌩쌩 마른 울타리를 흔들고 있어요. 어휴, 나는 너무 추워 보여 산모와 아기가 불쌍한데, 정작 저들은 어떻게 저렇게 평화로울까요?

고요한 오후 햇살이 마구간 지붕에 부서지며

Corrie's Christmas Memories

기둥 자락에 비껴들고 있어요. 이따금 안쪽에서 사람들 떠드는 소리가 나고, 옆집에서 개도 짖네요.

내레이터: 다시 밤이 되었습니다. 두 번째 밤이 깊어 가고 있는 거예요. 어? 그런데 여관 대문에 이상한 사람들이 와 있군요. 세 사람인데, 둘은 높직한 낙타 등에 타고 있고, 하나는 낙타에서 내려 문을 두드리고 있네요.
주인이 삐걱 문을 열다가 흠칫 놀라 문 뒤에 몸을 감추고는, 다시 틈새로 빠끔 밖을 살피는데요? 여관을 찾은 세 사람이 아주 당당하고, 화려하게 치장을 했으며, 껑충한 낙타 위에서 근엄하게 내려다보고 있기 때문이지요.

여관 주인: 소… 손님들께서는 무슨 일로…?

동방 박사1: 우리는 별의 인도를 받아 왕께 경배하러 왔소. 이곳에서 왕이 나셨지요? 그분은 지금 어디 계시오?

여관 주인: 예? 와… 왕이라니요? 그런 분은 여기 안 계십니다. 뭘 잘못 알고 오셨나 보군요.

내레이터: 그렇게 말하면서 여관집 주인이 슬쩍 대문을 닫으려 하네요.

동방 박사2: 아니오!

내레이터: 일행 중 하나가 위엄 있게 소리를 지르는군요.

동방 박사2: 우린 동방 나라의 고명한 천문학자들이오. 지금까지 우리의 측정이 틀린 적은 한 번도 없소!

여관 주인: 아이고, 그러십니까? 그러나 이 집에는 어젯밤에 갈릴리 사람 부부가 저 마구간

에 와서 낳은 평민 아기밖엔 없습니다요!

내레이터: 동방 박사들의 얼굴이 환히 밝아지는군요. 그들은 낙타들의 고삐를 여관 주인의 손에 맡기고, 바삐 가져온 짐을 풀어 마구간으로 향하고 있네요.

마구간 입구에는 조그만 야외용 횃불이 타오르는데, 마구간 안에서는 요셉과 마리아가 구유를 들여다보며 두런두런 이야기를 나누고 있습니다. 그들은 치렁치렁한 옷으로 단장한 귀인들이 다가오자 짐짓 놀라며 자리에서 일어서는군요.

동방 박사3: 아기 왕께서는 어디 계시나요?

내레이터: 그들은 어리둥절한 부모 대신 구유에 누인 아기 예수를 보고는, 너무나 감격한 나머지 자신들의 심정을 무슨 말로 표현해야 할지 몰라 잠시 넋을 잃고 서 있군요. 그러나 그

들은 이내 정신을 차리고 땅에 넙죽 엎드려 큰 절을 올리며 경배를 드리고 있네요.

동방 박사1: 오, 우리의 왕, 구주시여! 삼가 문안을 올리나이다!

내레이터: 박사들이 각자의 보배 합을 열어 아기 예수님이 누인 구유 안에 차례로 드리는 것들이 보이세요? 그것은 황금과 유향과 몰약이랍니다. 그제야 동방 박사들은 자신들이 사는 나라와 오랫동안 별을 관측해 온 경위, 그리고 한 보름 전부터 큰 별이 자신들을 인도해 온 과정을 이야기합니다.

동방 박사2: 우리는 이스라엘 경전을 읽으며 메시아가 오신다는 약속을 알게 되어, 그때부터 계속 밤하늘의 별들을 면밀히 관찰해 왔지요. 오늘 이렇게 친히 왕을 뵈었으니, 이제 우리는 죽어도 여한이 없습니다. 특별한 은총을

베푸신 만군의 하나님께 무한한 감사를 올리나이다!

내레이터: 지금 흰머리가 성성한 저 대 학자들의 눈에는 눈물이 글썽이고 있답니다.

동방 박사3: 구주의 부모여, 며칠 안에 헤롯 왕도 이곳에 경배를 하러 올 것입니다. 우리가 올 때 먼저 그곳에 들렀는데, 그가 우리에게 아기의 있는 곳을 알려 달라고 신신당부를 했지요. 그럼 우린 갈 길이 멀어….

☆

내레이터: 그날 밤 요셉의 꿈에 주의 천사가 나타났습니다.

천사: 요셉아, 요셉아! 어서 속히 일어나 이집트, 내가 지시하는 땅으로 떠나라! 지금 헤롯이

아기를 죽이려 군대를 보냈느니라!

내레이터: 요셉이 소스라치게 놀라 잠자리에서 벌떡 일어났습니다.

요셉: 마리아, 마리아! 어서, 어서 아기를…! 설명할 시간이 없소!

내레이터: 영문을 모르는 마리아가 아기를 감싸 안고 나귀에 오르자, 요셉은 그것을 끌고 부랴부랴 여관을 나와 이집트로 향하여 길을 떠나는군요.

겨울바람이 몰아치는 저 얼어붙은 벌판, 다시 멀고 고단한 여로에 오르는 저 경건한 하나님의 사람들을 보세요! 요셉은 며칠 동안 산모와 아기를 돌보느라 거의 잠도 설쳐 지치고 피곤합니다. 그러나 그는 아기 예수와 마리아를 안전하게 데리고 꿋꿋이 그 험한 길을 앞장서 걷고 있군요. 요셉은 하나님 앞에 의로운 자라 칭

함을 받았답니다.

마리아! 어린 주님의 모친! 아아, 흠과 티가 없는 순결한 몸과 마음을 온전히 하나님께 바친 복된 여인이여! 마리아는 산후 몸조리도 못한 채 아기를 꼭 품고 묵묵히 저 거친 고난의 길을 가며 하나님을 찬양하고 있습니다.

아, 그리고 우리의 어리신 구주 예수여! 당신은 울지 않고 초롱초롱한 눈을 깜박이며 고요히 부모의 품에 안겨 장차 구원을 베푸실 죄 많은 땅을 지나가시니… 오, 임마누엘 아기 예수, 우리와 함께 계신 하나님이시로다!

> 보라 세상 죄를 지고 가는 하나님의 어린 양이로다

☆ ☆ ☆

작은 교회 안이 우레와 같은 박수 소리로 떠내려가는 듯했다. 세상에 그처럼 훌륭한 이야기를 어느 곳에 가서 다시 들을 수 있단 말인가? 크리스마스를 맞을 때마다 그때 필립 씨 가족과 보낸 크리스마스를 어찌 추억 속에서 되새기지 않을 수 있겠는가?

카스퍼 텐 붐의
성탄 메시지

이윽고 잠깐의 휴식 시간이 끝나고, 모두들 나의 3부 메시지를 듣기 위해 자리를 정돈하고 앉았다. 내가 단상으로 나갔다.

☆

사랑하는 형제자매 여러분. 여러분은 이미 귀여운 천사들의 성극을 통하여 핵심적인 성탄 메시지를 다 들으신 셈입니다. 저는 지난 성탄 이브에 위대한 성탄 메시지를 위한 감동적인 전주곡 세 편을 들었답니다. 그것은 저를 초대해 준 필립 씨 부부의 사랑스런 세 자녀들이 들려 준 이야기였지요.

막내 샤를은 〈성냥팔이 소녀〉를, 둘째 리아스는 〈플란더스의 개〉를, 그리고 장남 레오폴트는 〈제화공 마틴〉을 발표했습니다. 여러분도 그 이야기들을 듣거나 읽으신 기억이 있을 겁니다. 저도 조금은 알고 있었는데, 그 아이들이 나름대로 소화해서 그려낸 그림은 듣는 이의 마음을 얼마나 울렸는지 모릅니다. 저를 비롯하여 모든 가족들이 몰래몰래 훔친 눈물로 손수건들이 흥건히 젖을 정도였으니까요!

즐거운 날, 왜들 그렇게 눈물을 짜고 앉았었느냐고요? 그것은 그 이야기가 우리 주위에 사는 형제자매들의 아픔과 고통을 아주 적나라하게 드러내 주었기 때문입니다. 우리 사회에는 성냥팔이 소녀나 네로나 마틴과 같은 이들이 실제로 존재합니다. 다만 우리가 눈을 감고 외면하기 때문에 그들이 안 보일 따름이죠.

오늘 성극에서 보았듯이 2,000년 전에 주님이 이 땅에 오신 것은 제가 방금 말한 이들과 함께 고통당하고 주리며 목마른 이들, 곧 우리들을 구원하시기 위해서였습니다. 죄와 사망에서 우리를 구하신 주님을 믿는 성도 여러분, 오늘 성탄절은 먹고 마시며 즐기라는 날이 아닙니다. 여러분, 모두 이 날의 참된 의미를 깊이 새겨 새로운 마음과 뜻으로 새해를 설계하시는 여러분이 되시기를 빕니다.

제가 오기도 전에 미리 예정시켜 놓았다고 해서, 제가 메시지 전달을 사양할 여지마저 없더군요. 그래서 전 기도하다가 이번에 특별히 제가 간직하고 있는 보물 중에 하나를 여러분께 선물하려고 합니다. 그것은 저희 부친이 생전에 작성하여 교회에서 발표하셨던 메시지입니다.

카스퍼 텐 붐의 성탄 메시지

전 금년 크리스마스를 필립 씨 댁에서 지내면서 그 집 가장의 모습과 분위기 속에서 새삼 돌아가신 저희 부친을 향한 그리움과 사모의 정을 느꼈습니다. 부친은 유대인들을 도와주다가 나치의 손에 잡혀 먼저 순교하셨습니다. "네 이웃을 사랑하라" 하신 주님의 말씀 때문이었습니다. 저희 아버님은 늘 예수님께서 대답해 주신 말씀을 마음에 간직하고 계셨어요.

> 예수께 여짜오되 그러면 내 이웃이 누구니이까 예수께서 대답하여 이르시되 어떤 사람이 예루살렘에서 여리고로 내려가다가 강도를 만나매 강도들이 그 옷을 벗기고 때려 거의 죽은 것을 버리고 갔더라 마침 한 제사장이 그 길로 내려가다가 그를 보고 피하여 지나가고 또 이와 같이 한 레

위인도 그 곳에 이르러 그를 보고 피하여 지나가되 어떤 사마리아 사람은 여행하는 중 거기 이르러 그를 보고 불쌍히 여겨 가까이 가서 기름과 포도주를 그 상처에 붓고 싸매고 자기 짐승에 태워 주막으로 데리고 가서 돌보아 주니라 그 이튿날 그가 주막 주인에게 데나리온 둘을 내어 주며 이르되 이 사람을 돌보아 주라 비용이 더 들면 내가 돌아올 때에 갚으리라 하였으니 네 생각에는 이 세 사람 중에 누가 강도 만난 자의 이웃이 되겠느냐 이르되 자비를 베푼 자니이다 예수께서 이르시되 가서 너도 이와 같이 하라(눅 10:29~37)

여러분! "누가 우리의 이웃입니까?" 하고 물은 제자들의 질문에 대한 주님의 답이 무엇이었습니까? 강도 만난 자를 감싸고 돌보아 준

사마리아인과 같이 우리에게 은혜를 베푸는 사람일까요?

주님은 그렇게 대답하시지 않았습니다. "누가 강도 만난 자의 이웃이냐?" 하고 되물으신 주님의 말씀을 역으로 새겨들어야 답이 나오지요. 강도 만난 자의 이웃은 사마리아인이고, 사마리아인에게, 곧 제자들과 오늘 우리에게 이웃은 강도 만난 자, 다시 말해서 고통과 고난 중에 있는 사람들인 것입니다.

저희 아버님은 제가 오십의 나이를 먹도록, 정말 하루같이 경건하고 돈독한 믿음의 본을 보이시며 제 신앙을 키워 주셨습니다. 전 부친을 언제까지나 훌륭한 하나님의 사람으로, 믿음의 표본으로 기억하면서, 어렵고 힘든 순간이 닥칠 때마다 지난 아버님의 자취를 더듬으며 용기를 내어 신앙 위에 바로 서고자 애쓰곤

합니다.

이 메시지는 1878년 저희 부친이 18세 때에 교회 주일학교 아이들과 그 부모님들을 위하여 작성, 발표한 메시지의 전문입니다. 저는 어제 성탄 이브에 필립 씨의 세 자녀들로부터 너무나 안타깝고도 슬픈 우리 이웃의 이야기들을 들으며, 어쩌면 오늘 발표해 드릴 이 설교문이 같은 맥락을 이어 주께서 일러 주신 이웃 사랑의 정신을 보다 깊이 새겨 보도록 만드는 좋은 계기가 되지 않을까 생각했습니다.

만일 베들레헴의 거민들이 요셉과 마리아가 어떤 사람이고 갓난아기가 누군지 알았더라면, 그들은 얼마나 큰 기쁨으로 그 어리신 주님을 위하여 처소를 마련해 드렸을까요? 그러한 과실은 그때 그 사람들의 것만이 아닙니다. 바로 오늘날 우리들 가운데도 비슷한 허물이 존재하는 것이죠.

많은 이들이 마음 문을 닫아걸고 옆에 계신 주님을 거들떠보지도 않은 채 내내 밖에 세워 두고 있습니다. 왜일까요? 그들은 예수님께 내드릴 공간을 가지고 있지 않기 때문이죠. 많은 사람들이 제각기 자신만의 삶을 챙기느라 너무나 마음이 각박하여 그분이 살아 계신 하나님의 아들이란 사실을 믿지 않는답니다.

나날이 성숙해져 가시는 여러분, 저로 여러분께 물을 수 있도록 허락해 주시기 바랍니다. 여러분 자신은 어떠십니까? 오늘 여러분에게도 구주 되신 그리스도께서 태어나셨나요? 왕 중 왕이요, 주님 중 주님이신, 위엄이 아니라 몸소 종의 형체를 입으신 모습의 예수님 말입니다.

그분은 모든 민족들로 하여금 하나님과 화

해하고 참된 기쁨을 맛볼 수 있도록 해 주기 위하여 이 땅에 오셨습니다. 예수님은 땅에 평화를, 세상이 줄 수 없는 평안을 가져오셨고, 그것을 여러분의 영혼에 끼치기를 원하십니다. 그분은 당신의 백성을 죄에서 구원할 분이신 것입니다.

진정 자신의 죄에서 해방되고 싶으십니까? 참으로 자신을 노예처럼 얽는 모든 악에서 자유로워지기를 원하십니까?

그분이 여러분을 부르고 계십니다.

> 내가 네 허물을 빽빽한 구름 같이, 네 죄를 안개 같이 없이하였으니 너는 내게로 돌아오라 내가 너를 구속하였음이니라(사 44:22)

오라 우리가 서로 변론하자 너희의 죄가
주홍 같을지라도 눈과 같이 희어질 것이
요 진홍 같이 붉을지라도 양털 같이 희게
되리라(사 1:18)

오직 그분이 당신을 두려움 없이 거룩함으로 섬기도록 만드시려고 내 자신을 원수들의 손아귀로부터 건지신 이라는 사실을 믿는 사람들만이 진실로 자유할 수 있습니다.

여러분은 알고 계십니다. 예수께서 베들레헴에 일천 번 태어나신들, 정작 내 마음에 태어나시도록 하지 않는다면, 나는 절망에 빠질 수밖에 없다는 것을요! 오! 부디, 여러분 자신의 삶을 위하여 그분의 제안을 받아들이세요.

"당신을 위한 자리는 없어요!"

이런 말로 그분을 떠나게 해서는 안 됩니다!

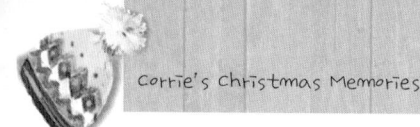
Corrie's Christmas Memories

나중에 여러분이 천상의 새 예루살렘, 곧 위대하신 왕의 도시에 들어가기를 열망할 때, "여기에는 네가 거할 처소가 없노라!"라고 내쫓기면 어떡하시겠어요?

"오, 내 그때 이런 사실을 알았더라면…!"

그때는 이미 모든 기회가 사라지고, 밖에서 이를 갈며 슬피 울 수밖에 없는 것입니다.

다음과 같은 이야기가 전해 내려오고 있답니다. 한번은 영국의 여왕 빅토리아(Victoria)가 밸모럴(Balmoral) 성의 여름 별장에 묵고 있을 때였지요. 그녀는 수수한 평복을 입고서 사람들의 눈을 피해 숲속을 산책하기를 좋아했어요. 그런 순간이야말로 모든 막중한 국무와 피곤한 인사에서 놓여나 자유를 느낄 수 있기 때문이었죠.

그러던 어느 날, 그녀는 숲속에서 폭풍을 만났습니다. 갑자기 하늘이 캄캄해지더니, 세차게 비가 쏟아지고 바람이 불기 시작했어요. 여왕은 몹시 당황스러웠습니다. 그런데 그때 맞은편에 오두막 한 채가 있는 것이 보였어요. 여왕은 비를 좀 피할까 하고 그곳으로 달려가 문을 두드렸답니다.

통나무집에는 늙은 여자 농부가 혼자 살고 있었습니다. 그녀는 염소를 치고 조그만 밭뙈기를 경작하려고 가족을 떠나 숲속으로 온 것이었어요. 여왕이 가볍게 인사를 하고, 우산을 좀 빌려 줄 수 있겠느냐고 물었습니다. 잘 쓰고 곧 돌려주겠다고요.

노파는 시골과 산속에서만 살아 여왕을 한 번도 본 적이 없었어요. 그 노파는 그녀가 평범한 여자인 줄만 알았죠. 그래서 퉁명스럽게 쏘

아붙였답니다.

"폭풍이 몰아치는데, 여자 혼자 어딜 쏘다 닌담! 난 우산이 둘인데, 하나는 새로 비싸게 주고 산 것이니, 여기 있는 누더기 우산이나 가져가쇼!"

노파는 너덜거리는 우산을 여왕 앞에 던지고는 문을 쾅 닫아 버렸습니다. 여왕이 우산을 집어 들었지요. 살이 부러지고, 천은 귀퉁이가 너덜거리고, 군데군데 꿰맨 곳에서는 빗물이 뚝뚝 떨어졌습니다.

'머리랑 어깨만이라도 가릴 수 있으니, 이것이라도 뒤집어쓰는 수밖에…'

여왕은 문 안쪽에다 대고 감사하다고, 며칠 안에 사람을 보내겠다고 외쳤습니다. 그러고는 씨익 미소 지으며 오던 길을 되돌아 걷기 시작했습니다.

다음 날 아침, 숲속 오두막 앞에서 정복 차림의 고관이 왕실 근위병들과 함께 당당하게 말을 타고 서서는 우렁찬 소리로 노파를 불렀습니다. 그리고 그들은 노파에게 여왕이 보낸 하사품과 함께 우산을 내밀었습니다. 순간, 노파는 그만 기절초풍 땅에 엎드려 부들부들 떨었습니다.

"아이고, 내 그분이 여왕님이신 줄 알았더라면…. 이 미련둥이가 여왕님께 그 거지 같은 우산을 드렸으니…. 아이고…."

멀어지는 고관 일행의 등 뒤에서 노파는 땅바닥에 주저앉아 땅을 치며 한탄을 했답니다.

이것은 모든 사람들의 눈이 그분을 우러러보게 될 최후의 심판 날, 너무 늦게 예수께서 만왕의 왕 되심을 깨달은 사람들의 한스러운

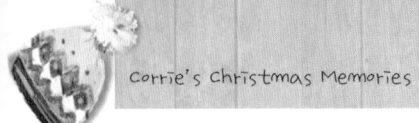

외침이 될 것입니다.

오늘, 이 밤, 그분이 여러분을 찾아오십니다. 왕의 영광과 찬란함을 벗어 버리고, 대신 가난한 어린 아기의 모습을 입고서요! 주님은 그런 모습으로 여러분들로부터 영접받기를 원하시는 겁니다. 겸손하고 낮아지신 예수님을 왕으로 알아보고 맞으셨다면, 여러분은 언젠가 찬란한 영광과 위대한 왕권으로 보좌에 앉으신 주님을 보게 될 겁니다.

"오, 주의 무한한 위대하심과 찬란한 영화를 이루 다 측량할 길이 없도다!"

그때 우리가 할 말은 이것밖에 달리 무엇이 있겠습니까? 우리의 눈이 본 적이 없는 것을 보고, 우리의 귀가 들은 바 없는 것을 들으며, 이전에 결코 마음에 담아 보지도 못한 것들, 하나님께서 당신의 사랑하는 사람들을 위해 예비하신 엄청난 것들을 소유하게 될 것이기 때문입니다.

다시 한 번 더 여쭙겠습니다. 여러분은 그분을 영접하셨습니까? 그리고 구유에 누이신 아기를 보고, 경건한 시몬과 같이 고백하실 수 있으십니까?

"오, 주여, 나의 눈이 당신의 구원을 보았나이다!"

그러고는 양치기들처럼 아기와 관련된 말씀을 널리 외치지 않으시렵니까? 그리하면 하나님의 말씀이 여러분의 가정 안에 깃들 자리를 얻게 될 것입니다.

만일 우리가 세상에서 가장 귀한 보물을 발견했다면, 마땅히 자신의 어린 자녀들이 그것을 함께 나누도록 배려하겠지요! 자녀를 주일학교에 보내신 여러 부모님! 여러분의 뜻은 이 아이들이 어린 시절부터 자신의 구주 예수님을 알게 되는 것이 아니겠습니까? 그런데 그들이 참으로 그리스도를 이해하고 느끼게 되는 것이 1주일에 단 하루, 주일학교에 다니는 것만으로 충분하다고 생각하십니까? 부모님들께서 진정으로 자녀들이 선하신 목자의 어린 양들이 되기를 원하신다면, 부모님 자신의 삶 가운데서 본을 보여 가르쳐 주셔야 합니다.

여러분의 마음속에, 여러분의 가정 가운데, 하나님의 평화가 거하십니까? 그리하여 자녀들은 자신을 부인하고 주님을 따르는 것을 부모님의 언행을 보고 배워 가고 있는지요?

어떤 아버지가 병으로 위독한 아들의 침상을 지키고 앉아 있었답니다. 그는 슬픔을 억누르고 아들에게 사실을 알려 줘야 했습니다.

"얘야, 너는 이제 얼마 있지 않아 죽게 된다는구나."

"아버지, 그럼 난 그때 예수님과 같이 있게 될 거예요!"

아들이 그렇게 대답하더랍니다.

"아무렴, 내 아들아!"

아버지는 울컥 솟는 눈물을 아들에게 보이지 않으려고 고개를 돌렸죠. 그러나 아들은 아버지의 슬픔을 알아챘습니다.

"울지 마세요, 아버지! 전 하늘나라에 도착하는 즉시 예수님께 꼭 말씀드릴 거예요! 우리 아버지는 나를 예수님께 이끌어 주기 위해 최선을 다했다고요."

추운 겨울 밤 저희 주일학교 행사에 찾아 주신 부모님! 부모님들도 자녀들이 예수님 앞에서 이렇게 고백하기를 바라시지요? 만에 하나 그렇지 못한 경우가 있더라도, 아직 늦지 않았습니다. 우리 앞에 개선의 여지가 놓여 있는 것입니다.

오늘 밤부터라도 자녀들을 위해 그들과 함께 무릎을 꿇으십시오. 주님은 당신을 찾는 자에게 모습을 드러내 주시겠다고 약속하셨습니다. 그렇게 하실 때, 부모님들의 삶의 행로는 그 밤 주님께 첫 경배를 드린 목자들과 같은 방향이 될 것입니다!

하나님께 영광을 돌리고 찬송하며 돌아가니라

코리의 크리스마스 추억

Corrie's Christmas Memories

기차가 역 플랫폼 안으로 들어섰다. 어깨를 잔뜩 웅크린 역무원들이 입김을 하얗게 내뿜으며 열차를 점검하고 승객들을 안내하느라 분주했다. 날씨가 제법 쌀쌀해서인지, 아니면 성탄절 오후라서 그런지 사람들의 모습이 뜸해 보였다. 그래도 노인과 중년 부부들이 열차에서 내리는가 하면, 나같이 집으로 돌아가는지 즐겁게 깡충거리며 소리 지르는 아이들의 손을 잡고 몇몇 가족 일행이 속속 열차에 오르기도 했다.

오전에는 잠깐 화사한 햇살 때문에 지붕과 길 위에 쌓인 눈이 조금 녹는가 싶었다. 그러고 나서 온 세상은 교회당에 다녀온 아이들의 것이 되어 버렸다. 곳곳에 눈사람들이 서고, 이곳저곳 눈싸움이 벌어지고, 언덕 위에서는 썰매를 타고 내리닫는 꼬마들의 즐거운 외침이 들려왔다. 아이들 덕분에 크리스마스가 더욱 풍성하게 느껴지기만 했다. 샤를과 리아스도 밖에서 마냥 신나게 뛰어 놀다가, 내가 돌아간다는 소리에 그만 서둘러 집으로 돌아왔다. 그리고 나를 배웅하겠다며 기차역 플랫폼까지 따라와 괜히 두 눈에 서운한 빛을 가득 머금고 서 있는 것이었다. 아니면 다시 찌뿌둥하던 하늘에서 흰 눈송이들이 하나둘 떨어지기 시작해서였을까?

"코리 아줌마, 가시더라도 부디 저희 가족을 잊지 마세요. 그렇게 하실 거죠?"

필립 부인이 나를 안으며 말했다.

"아이고, 이렇게 잘 대접받고 큰 신세를 졌

는데, 어떻게 잊겠어요? 더군다나 저 깜찍한 어린 천사들을!"

"코리 할머니, 사랑해요!"

샤를이 내 품으로 뛰어들었다. 녀석이 꼭 안긴 채 나의 뺨에 달콤하게 키스를 했다.

"나도 샤를을 사랑한다!"

리아스와 레오폴트도 차례로 다가와 나를 꼭 안으며 인사했다.

"자, 어서들 타세요! 열차가 곧 떠납니다."

깃발을 든 승무원들이 승객들을 재촉했다.

"아이고, 이거 정말 모처럼 어려운 발걸음을 하셨는데 제대로 모시질 못해 못내 마음에 걸리는군요! 부디 건강하시고…."

필립 씨가 손을 내밀었다.

"별말씀을 다 하세요! 너무너무 즐겁고 행복했는걸요! 그럼…."

코리의 크리스마스 축억

    열차가 기적을 울리기 시작했으므로, 나도 서둘러 계단 난간을 딛고 올라가 자리를 잡고 앉았다. 열차가 움직이기 시작하자, 차창 밖 플랫폼 위에서는 필립 씨 가족이 열심히 손을 흔들어 대고 있었다.

    역을 빠져나온 열차가 황량한 벌판을 달리기 시작했다. 하늘에서 점점 많은 눈이 내려, 온 들을 뿌연 안개처럼 덮고 있었다. 시야가 가려졌다. 보이는 것이라곤 바로 옆을 스치는 눈송이들뿐이었다. 마치 차창에 하얀 나비들이 하염없이 부대껴 와 부서지고, 그것들이 다시 눈물이 되어 흘러내리는 것만 같았다.

    그러나 저 눈물은 내게 전혀 슬프거나 애처로운 것이 아니었다. 나는 혈육 하나 없는 거처로 돌아가고 있었지만 조금도 쓸쓸하거나 외롭

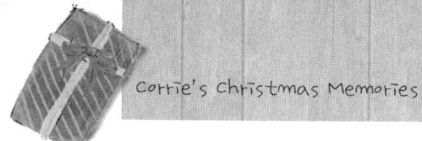
Corrie's Christmas Memories

지 않았다. 나는 주님을 마음속에 모시고부터 음울함이나 어두운 느낌을 모르고 살아왔다. 간혹 힘들고 고달픈 순간이 닥칠지라도, 예수님 그분을 생각하면 나의 마음에는 빛이 가득 차고 생명이 넘쳐나는 것을 느낄 수 있었다. 저 차창에 녹아 흐르는 것은 감격과 감사, 환희의 눈물일 뿐이다. 그것은 결코 어둡고 음울한 느낌을 주지 않는다.

글쎄, 정말 정직하게 가슴에 손을 얹고 다시 생각한다면, 지난 나의 생애에도 슬프고 우울한 순간이 전혀 없었던 것은 아니다. 꽃처럼 젊었을 때, 그리고 첫사랑에 실패했을 때, 나는 한동안 쓰라림과 고통에 몸부림쳤었다. 그러나 나는 이내 예수님을 향하여 더욱 확실하고 온전하게 나의 마음을 드림으로써 더 이상 방황하거나 괴로워하지 않았다.

그리고 독일의 라벤스부르크 강제 수용소에서 언니 베치가 죽고 세상에 나만 홀로 내버려졌을 때, 또 한 번의 혹독한 시련이 찾아왔다. 나는 밤마다 언니에 대한 그리움과 세상의 적막함을 견디기 어려워 모포를 끌어안고 침상을 뒤척여야 했었다. 그러나 그때에도 다시 나를 강하게 붙드는 주의 은혜로우신 손길을 뚜렷이 느끼게 되었다.

같은 객실에 탄 승객들은 말없이 조용히 창밖을 내다보거나 신문을 펼쳐 들고 있었다. 그런 명절날 열차로 여행하는 사람들은 나처럼 가정이 없거나, 가정이 있더라도 가족끼리 단란한 정을 나누며 행복을 즐길 만큼 생활에 여유가 없는 사람들이기 쉽다.

열차가 규칙적으로 철커덩거리며 빈 들을 달리고 또 달리는 동안, 나는 아련히 지난 어린

Corrie's Christmas Memories

시절의 꿈속으로 빠져들고 있었다.

　나는 겨울을 좋아했다. 겨울 중에서도 특히 12월 크리스마스를 손꼽아 기다렸다. 크리스마스 전에는 꼭 첫눈이 내렸다. 그러면 나는 언니들과 함께 눈 내린 마을 언덕과 들을 보고 특별히 좋아하는 사람들에게 줄 연하장을 그렸다. 나는 좋아하는 이들이 너무 많아 날마다 성탄 축하 카드를 그리느라 바쁘기 그지없었다. 성탄절이 코앞으로 닥쳤는데 계획한 수만큼 카드를 완성하지 못할 경우엔 밤늦게까지 등불을 밝히고 졸린 눈을 비벼 가며 그림을 그리다가 다음 날 아침이면 영락없이 늦잠을 자 어머니에게 핀잔을 듣기도 했다.

　크리스마스가 다가올 무렵 버예의 우리 시계방 가게는 일거리가 너무 많이 밀려들어, 부

코리의 크리스마스 축억

모님은 눈코 뜰 새 없이 바쁘게 움직이셨다.

그런 중에도 아버지가 푸르고 싱싱한 트리를 거실에 세우는 날부터는 가슴이 정말 쿵쿵 뛰는 것만 같았다. 그즈음이면 혹 멀리 나들이를 가거나 밖에서 활동하던 고모들도 양 손에 선물 꾸러미나 물품, 음식 재료 등을 가득 들고 돌아와 우리와 함께 지냈다.

그러다 마침내 촛불이 켜지면 박수 소리와 함께 크리스마스이브 축하 잔치가 시작되었다. 그때는 아버지의 인도로 경건한 성경 말씀 낭독과 캐럴 합창, 감사 기도가 이어졌고, 그 후 우리는 선물과 함께 축하 인사를 나누고는, 바로 이어 거실에 잔칫상을 펼쳐 맛있는 음식을 먹으면서 각자 준비한 성탄절 프로그램을 발표했다.

필립 씨의 집에서 샤를과 리아스 그리고 레

오폴트의 이야기를 들으며, 나는 꼭 내 자신의 어린 시절로 돌아가 베치 언니와 놀리 언니와 함께 재잘거리고 있는 듯한 느낌에 마음이 그렇게 포근할 수가 없었다.

버예의 우리 집 거실에 선 크리스마스 트리에서 호랑가시나무와 미슬토가 신비스런 깊이로 초록색의 색조를 드리울 때, 베치 언니는 재미있는 이야기를 너무 잘 엮어 나갔고, 놀리 언니는 특별히 예쁜 목청으로 노래를 잘했으며, 나는 율동으로 어른들의 칭찬을 받곤 했다.

당시 크리스마스이브 파티에는 우리 식구들 외에도 시내에 파견 나온 몇몇 군인들이 같이 참석했다. 얀스 고모가 병영 생활로 고달픈 군인들을 위해 성경 공부 반을 운영하고 있었기 때문이다. 얀스 고모는 소책자를 하나하나 손수 포장하여 집으로 찾아온 군인들에게 선물로 주었다. 군인들은 답례로 우리에게 음악을 선사했다. 그들 중에는 상당한 수준의 음악적 재능을 갖춘 이들이 있어서, 바이올린이나 기타를 아주 잘 연주했다. 어떤 이들은 〈아베 마리아〉 같은 명 가곡을 부르기도 했다. 그 시간은 우리의 장기 발표 및 캐럴 합창이 어우러지는 크리스마스 잔치의 클라이맥스이기도 했다.

그렇게 기쁘고 평화로운 크리스마스의 기억은 제2차 세계대전이 발발하고 나치의 검은 마수가 유대인 위를 덮을 때까지 계속되었다.

이제 그 꿈같은 시절은 모두 지나고, 그때 같이 웃고 즐기던 사랑하는 사람들은 이제 더 이상 내 곁에 있지 않다. 나이 칠십 줄에 들어선 나는 그동안 슬프고도 안타까운 이별을 많이 경험했다. 그중 크리스마스가 다가올 때마

Corrie's Christmas Memories

다 특히 더 생각나는 것은 언니 베치와 관련된 사연이다.

1944년 그 춥고 음울하던 겨울. 언니 베치는 라벤스부르크 강제 수용소에 끌려온 후 몸이 더욱 허약해지고 있었다. 예순을 바라보는 나이에, 더군다나 혹독하게 얼어붙은 독일 땅에서 매서운 겨울을 지낸다는 것은 여간 힘겨운 일이 아니었다.

쌀쌀한 가을바람이 회색빛 막사를 둘러선 포플러나무에 가엾게 매달려 애원하던 노오란 마지막 잎새들마저 다 떨어뜨려 버린 지도 이미 오래. 아침마다 된서리가 내리고, 몇 차례 비가 올 때마다 수은주가 사정없이 곤두박질쳐 우리들을 괴롭게 했다.

"이젠 겨울이 다됐나 봐!"

언니가 심하게 기침을 하며 말했다.

"감기 들지 않게 조심해야 돼, 코리야!"

걱정이 가득한 내 얼굴을 쓰다듬는 언니의 눈에 눈물이 글썽이고 있었다.

"언니, 그런데 오늘이 대체 며칠이지?"

"음…. 새벽 점호 때 12월 10일이라고 했잖아. 근데 날짜는 왜?"

왜! 불필요하게 날짜를 꼽아 뭘 하겠느냐는 것이었다. 하기야 우리가 해방될 날이 과연 올 것인지조차 기대하기 어려운데, 때가 12월 10일이면 어떻고 1월 10일이면 또 어떠랴.

"응, 오늘 낮에 저기 본부 막사 양 측면에 독일인들이 크리스마스트리를 준비하는 걸 봤어. 그런데 저 사람들 정말 성탄절을 쇠려고 그러는 걸까?"

"설마, 그런 일이 어떻게 가능하겠니? 나치

당원들은 예수님을 미워하고 하나님을 부정하는 사람들이야! 그들은 아예 무신론자들이지. 정말 마음 구석에 참된 믿음이 한 올이라도 존재한다면, 어떻게 이런 일들을 스스럼없이 저지를 수 있겠니?"

"그렇긴 한데, 그럼 왜 트리를 세워 장식을 하고 있을까?"

"글쎄, 아마 무슨 꿍꿍이속이 있겠지."

차가운 바람이 막사들 위로 휘몰아치며 우리 연약하고 불쌍한 여 죄수들을 겨울의 황량함 속으로 내몰아가는 통에도, 시간은 성큼성큼 지나 크리스마스는 삭막한 강제 수용소에까지 찾아와 주었다.

아, 크리스마스! 나는 예전의 버릇대로 그 날을 손꼽아 기다리고 있었다. 그런데 그 기다림이 동시에 베치 언니와의 이별을 꼽는 것이 될 줄이야!

그것은 지난 내 생애에 있어 가장 슬픈 크리스마스였다. 약해질 대로 약해져 며칠 의식이 혼미하던 베치 언니는 크리스마스에, 언제나 사모하고 그리던 주님을 만나러 하늘나라로 떠났다. 그날 나는 병원 막사 베치의 침대 곁에 서서 발을 구르며 창밖에 선 크리스마스트리를 보았다.

'세상에, 저렇게 칙칙한 트리가 다 있담!'

트리만 칙칙한 것이 아니었다. 병동 안도, 밖에 바라다보이는 세상도 한결같이 어두웠다. 뿐만 아니라 그때는 나의 마음까지 몽땅 검디검은 암흑의 순간이었다.

'이 어두운 악마의 세계에 크리스마스트리는 도대체 왜 세워 놓았을까?'

알 수 없는 일이었다. 유일하게 짐작이 가는

것은 한 가지뿐. 그것은 그들이 거룩한 성탄을 모독하고, 그 트리 아래 죽은 여자들의 시체를 던지기 위한 무대일지도 모른다는 것이었다.

나는 병동에서 죽어 가는 언니의 몸을 지키며 주위에 있는 사람들에게 성탄 이야기를 전했다. 그러나 그들 모두는 내가 전하는 말 한마디 한마디에 조소와 비웃음과 경멸을 보낼 뿐이었다. 그날 언니 베치는 죽었다. 그리고 나는 깜깜한 절망의 뜰을 밟으며 싸늘한 막사로 돌아왔다.

밤이 깊었다. 그러나 나는 황망하여 우두커니 침상에 앉아 있을 뿐, 잠자리에조차 들 줄을 몰랐다. 얼마나 그러고 있었는지, 사방이 깊고 조용한데, 갑자기 들리는 어린아이의 울부짖음에 문득 정신이 들었다.

"엄마!"

어린아이의 부르짖는 소리였다. 그러나 그것은 두려워 차마 큰 소리조차 못 내고 떨리는 목구멍으로 불안과 슬픔과 그리움을 삼키는 소리였다. 열여섯 살 난 모라였다.

'모라!'

나도 목소리가 나오지 않았다. 불쌍한 모라! 한밤중 불현듯 엄마를 찾고 있구나. 엄마가 어디에 있기에, 암탉이 자신의 두 날개 속에 병아리를 품듯 항상 모라를 살펴 주었던 엄마는 지금 어디 있기에 대답을 해 줄 수 없는 걸까? 그리고 저 소녀는 왜 이런 죽음의 수용소로 끌려와 깊은 한밤중 검은 슬픔과 두려움에 깨어 부르짖고 있는가!

"모라야, 모라야! 울면 안 돼."

나는 모라에게 다가가 어깨를 안아 주었다.

"모라야, 엄마는 지금 이곳에 올 수가 없어.

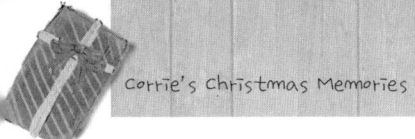

그러나 우리가 부를 때면 언제나 달려와 주시는 분이 계시다는걸 왜 모르니? 그분은 바로 예수님이야!"

나는 모라를 침상에 뉘여 주었다. 완전히 파리해진 몸. 그러나 모라의 얼굴에는 여전히 달콤한 소녀의 티가 남아 있었고, 두 눈은 예뻤으며, 치렁치렁한 머리카락은 탐스럽기 그지없었다. 그러나 그녀는 얼마 전 수술한 등에 화장지를 붙인 채, 그 부위가 아파 똑바로 눕지도 못하고 있었다. 어쩌면 몸이 아파서 잠을 깬 것인지도 모른다.

나는 그녀의 잠자리 곁에 앉아서 소곤소곤 예수님의 소식을 전해 주기 시작했다.

"그분은 2,000년 전 어둡고 차가운 유대 베들레헴 땅 말구유에 육신을 입고 오셨단다. 그분은 33년 동안 땅 위에 거하시면서, 완전한 사랑과 헌신, 인격 그리고 놀라운 능력과 성스러움을 보이시고, 마지막에는 우리 죄를 위하여 당신의 생명까지 모두 다 내어 주신 거란다. 그러나 죽음의 권세는 주님을 결코 영원히 붙들어 매 둘 능력이 없었어! 그분은 사흘 만에 부활하심으로써 하나님으로서의 권세와 능력을 증명하신 거야!"

모라의 얼굴에 놀라운 평화의 빛이 피어나기 시작했다. 나의 귀여운 작은 아이! 착하디착한 모라!

"그 예수님이 모라를 사랑하셔! 그래서 십자가 위에서 모라의 모든 무거운 짐을 몽땅 감당해 주신 거야! 예수님은 당신을 마음속에 모셔 들이는 사람들과 언제까지나 함께 계셔. 모라가 언제든 하늘나라로 간다면, 그곳에서 그분이 얼굴과 얼굴을 맞대고 맞아 주실 거야!"

모라는 행복한 표정으로 웃었다. 그녀의 두 눈에 글썽이던 것은 틀림없는 감사와 기쁨의 눈물이었다.

"모라, 무슨 생각을 하고 있니?"

"하늘에 예쁘고 작은 집이 보여요! 하얀 옷을 입은 예수님이 그 옆에서 손짓을 하고 있어요! 저기저기 높은 곳엔 악한 사람들이 하나도 없고, 모두모두 행복하게 웃고 있어요."

베개 위에 흘러내리는 모라의 눈물에 나는 목이 메어 더 이상 말을 이을 수가 없었다.

"전 예수님께 가서 얘기할래요! 제가 아플 때 용감할 수 있게 해 달라고요! 예수님께 감사드려요! 그분은 모라에게 하늘로 이르는 길을 보이시려고 고난당하신 일을 다시 기억하게 될 거예요."

가슴 위에 모아 쥔 모라의 두 손을 붙잡고

함께 감사와 찬양의 기도를 올리는 나의 두 눈에서 뜨거운 눈물이 걷잡을 수 없이 흘러내리고 있었다.

그날 밤 모라는 영원한 행복의 나라로 올라갔고, 나는 1944년의 라벤스부르크에서 보낸 슬프고도 안타까운 크리스마스의 의미를 깨닫게 되었다.

"여보시우, 아주머니! 뭐 안된 사연이라도 있는 게구려! 쯧쯧…."

누군가가 맞은편 좌석에서 나의 어깨를 토닥이는 바람에 눈을 떴다. 얼마나 오랫동안 눈을 감고 지난 크리스마스의 추억에 잠겨 있었는지, 열차는 어딘가의 역을 지나고 있었다. 주름이 가득하고 머리가 허연 어떤 노인 하나가 안쓰러운 듯 나를 쳐다보고 있었다.

"아 아녜요, 할아버지! 전 지금 예수님이 오신 이 성탄절이 너무나 기쁘고 감격스러워 울고 있는 겁니다!"

나는 더욱 북받치는 뜨거운 눈물을 두 손바닥으로 가린 채, 지금쯤 살아 계셨더라면 저만한 나이가 되셨을 아버지 연배의 할아버지를 앞에 두고 또 한 번 어깨를 들먹이고 있었던 것이다.

아! 잊을 수 없는 이 눈물의 크리스마스!
어리신 우리 주님,
나의 마음속에 빛으로, 생명으로 오시도다!

☆ 저자 소개 ☆

시계 수리공의 딸에서
용서와 사랑을 전하는 복음의 전달자로…

코리 텐 붐은 1892년에 네덜란드에서 어머니 코르와 아버지 카스퍼 텐 붐 사이의 다섯 번째 아이로 태어났다. 그녀는 병약한 아이였지만 다정한 아이로 성장했다.

제2차 세계대전의 사나운 구름이 세상을 어둡게 하고 그들을 위험 속에 몰아넣었을 때, 코리와 그의 형제자매들은 50대였다. 사람들을 돕는 것이 하나님에 대한 그들의 의무라고 생각했기 때문에 코리의 가족들은 죽음의 위험에 처한 유태인 친구들을 숨겨 주는 것을 조금도 문제 삼지 않았다. 그리고 그들은 배반을 당했다. 유태인들을 도운 것 때문에 코리의 가족 전체가 체포되었다. 그러나 지붕 밑층 교묘한 다락방에 숨겨진 유태인들은 끝끝내 발각되지 않았다.

코리의 아버지는 체포된 후 곧바로 사망했다. 그러나 코리와 그녀의 언니 베치는 라벤스부르크의 나치 수용소로 보내졌다. 그녀의 가족 중 단지 코리와 그녀의 남동생 윌렘만이 생존했다. 그녀가 마침내 석방되었을 때, 코리는 예수님의 빛만이 어떤 감옥의 어두움도 밝게 할 수 있고, 하나님의 사랑과 용서는 미움보다 더 강하다는 것을 사람들에게 전파하는 영광스런 메신저가 되었다.

1979년 그녀가 죽을 때까지 그녀는 감옥과 교회들 그리고 온 세상에 이 메시지를 전했다.

크리스마스 메모리 (개정판)

1판 1쇄 발행 _ 1997년 12월 10일
2판 1쇄 발행 _ 2011년 11월 24일

지은이 _ 코리 텐 붐
옮긴이 _ 장밀알

펴낸이 _ 이상준
펴낸곳 _ 서로사랑(알파코리아 출판 사역기관)

만든이 _ 이정자, 윤종화, 주민순, 장완철
         이소연, 박미선, 엄지일
이메일 _ publication@alphakorea.org

등록번호 _ 제21-657-1
등록일자 _ 1994년 10월 31일

주소 _ 서울시 서초구 방배1동 918-3 완원빌딩 1층
전화 _ (02)586-9211~4
팩스 _ (02)586-9215
홈페이지 _ www.alphakorea.org

ⓒ서로사랑 2011
ISBN _ 978-89-8471-284-3 03230

* 이 책은 서로사랑이 저작권자와의 계약에 따라 발행한 것이므로
  본사의 허락 없이는 어떠한 형태나 수단으로도
  이 책의 내용을 이용하지 못합니다.
* 잘못된 책은 바꿔 드립니다.
* 가격은 뒤표지에 있습니다.